Bienvenue à Amsterdam

W0473500

Les canaux d'Amsterdam.
A. Leiva / age fotostock

Arriver à Amsterdam

EN TRAIN

Depuis Centraal Station

Située dans le centre-ville, c'est la gare d'arrivée des Thalys (de Paris et Bruxelles).

Desserte – En chantier jusqu'à 2017, la gare reste le principal carrefour de transports de l'agglomération. Des trams, métros et ferries relient toute la ville.

À pied – C'est le moyen le plus simple de rejoindre le centre. Le Dam est à 400 m de la gare !

À vélo – Des loueurs vous attendent dès la sortie de la gare.

« Vélo » p. 120.

EN AVION

Depuis Schiphol (AMS)

Le 4e aéroport d'Europe est situé à 18 km au sud-ouest du centre-ville.

Info – ✆ 0900 01 41 et (31) 20 794 08 00 depuis l'étranger - www.schiphol.com.

Train – 15mn de trajet pour Centraal Station, ttes les 15mn en journée, ttes les heures de 1h à 6h - 4 €/AS - www.ns.nl (en anglais, achat en ligne).

Bus 370 – Vers le sud et Amsterdam centre (Museumplein, Leidseplein) ttes les 30-45mn env. entre 6h et 1h - 5 €/AS et env. 25mn jusqu'à Leidseplein - www.connexxion.nl.

Airport shuttle – Navette vers une centaine d'hôtels du centre-ville, ttes les 20mn de 6h à 21h - 17 €/AS ou 27 €/AR - www.airporthotelshuttle.nl.

Taxi – Env. 42 € pour une course vers le centre-ville. Comptez 25 à 50mn selon le trafic.

EN AUTOCAR

Amstelstation (Julianaplein 5 - ✆ (020) 560 87 88/88 07 61 700), gare routière d'arrivée des bus Eurolines, est proche de la station Amstel, reliée à Centraal Station par le métro. Les IDBus de la SNCF arrivent eux à Sloterdijk Station (✆ 0900 0401 625) reliée au centre-ville en train ou métro.

Spécial tramway

***Horaires** : de 6h à 0h30.*

Tickets et forfaits :

***Ticket à l'unité** : 1 zone valable 1h, 2,80 € (validez le billet à la montée et à la descente du tram).*

***Carte OV-chipkaart** : valable pour une personne pour un à plusieurs jours (à partir de 7,50 €), elle permet de voyager de façon illimitée avec le tram, le bus et le métro. Elle s'active lors de la première utilisation. En vente dans les offices de tourisme, les distributeurs du métro et les trams. www.gvb.nl.*

« Transports en commun » p. 119.

***I amsterdam City Card** : pass touristique (24h, 48h ou 72h) incluant l'accès illimité aux transports.* *« Visites » p. 122.*

Prinsengracht et le clocher de Westerkerk.

R.Harding / hemis.fr

Les immanquables

notre sélection des plus beaux sites

Les canaux sud ★★★

p. 36

Rijksmuseum ★★★

p. 52

La maison d'Anne Frank ★★

p. 31

Le béguinage ★★★

p. 23

Musée Van Gogh ★★★
p. 57

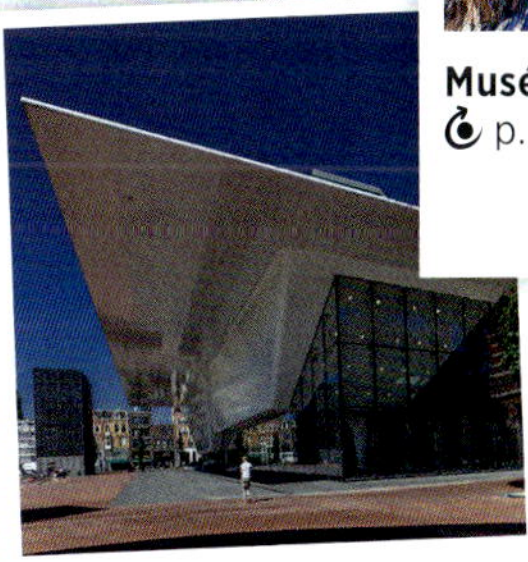

Stedelijk Museum ★★★
p. 58

Het Scheepvaartmuseum ★★
(musée d'Histoire maritime)
p. 72

Le quartier du Jordaan ★★
p. 44

Tropenmuseum ★★★
(musée des Tropiques)
p. 69

Nos coups de cœur

Jour de pluie ? Réussir à éviter la foule – mais est-ce vraiment possible ? – pour contempler les tableaux de Van Gogh. Avant de découvrir les artistes des 20-21e s. sous la « baignoire » du Stedelijk Museum. Puis remonter le temps dans les allées du Rijksmuseum. *Voir p. 52.*

Faire son choix parmi les innombrables **expositions temporaires** programmées. Quelle qu'elle soit, dans le cadre superbe de la Nieuwe Kerk *(voir p. 20)* ; au FOAM *(voir p. 42)* pour les amateurs de photographie. Entre autres...

B.Svensson / age fotostock

NEMO, de l'architecte Renzo Piano.

Partir pour un long voyage.... sans quitter Amsterdam. Voguer sur les mers du monde au Scheepvaartmuseum *(musée d'Histoire maritime – voir p. 72)*. Et découvrir des civilisations lointaines dans l'immense cabinet de curiosités qu'est le Tropenmuseum *(voir p. 69)*.

Traverser l'Ij à bord d'une navette fluviale pour piétons et cyclistes et prendre un café ou un repas léger au restaurant en tribune du EYE. De cet étonnant édifice, vue superbe sur la ville et le trafic de bateaux et de péniches. *Voir p. 51.*

Se mettre au vert à l'Hortus Botanicus, un jardin botanique créé au 17e s. Puis prendre un verre dans l'Orangerie. *Voir p. 67.*

Déjeuner bon et sain (soupes, quiches, salades) chaque midi dans les cafés au caractère « bobo » si bien assumé. Après avoir testé tous les délices locaux – *maatjes*, anguille fumée, gâteau aux pommes –, faites voyager vos papilles avec un *rijsttafel* indonésien (différentes spécialités avec du riz) ou une *pindasoep* (soupe aux cacahuètes) du Surinam.

Assister à un **match de l'Ajax** dans son antre de l'ArenA – si possible lors d'un sommet historique du championnat contre Feyenoord Rotterdam ou le PSV Eindhoven. *Voir p. 143.*

T. Koene / age fotostock

Vide-grenier géant lors de la Fête de la reine, devenu le Jour du roi depuis 2015.

Prendre l'apéritif en terrasse le long des canaux de l'ouest et sur les places du Jordaan. Ou dans un sombre café brun, jadis fréquenté par les marins. Pas assez chic ? Essayer la terrasse de l'hôtel Amstel *(voir p. 105)* ou les dorures du Café américain *(voir p. 90)*.

À pied ou à vélo, découvrir l'urbanisme novateur des **docks et des îles de l'Est** *(voir p. 70)*. Pause-café impérative à l'hôtel Lloyd. Ça vous a plu ? Remettez cela dans les Westerdock *(voir p. 50)* avec les édifices de l'École d'Amsterdam et la Westgasfabriek *(dim. après-midi)*.

En ouvrant grand les yeux lors d'une balade le long des canaux ou dans les rues des quartiers péricentraux, prendre une leçon d'**art de vivre** à l'amstellodamoise. Mini-terrasses, mini-jardins parfois flottants, formidables aménagements intérieurs...

Shopping ! De longues heures peuvent être consacrées aux boutiques d'Amsterdam, classiques ou surprenantes, ultra-chic ou *vintage*. Penser aussi aux nombreux marchés qui animent les quartiers (Jordaan, De Pijp, Nieuwmarkt, Waterlooplein...). Sans oublier la braderie (et vide-grenier) géante du 27 avril, jour de la Fête du roi.

Amsterdam en 3 jours

JOUR 1

Matin

Débutez la visite sur le **Dam★** *(p. 19)*, le « centre du centre », qu'entourent le **Palais royal★**, la **Nieuwe Kerk★★** (à visiter absolument) et la **bourse de Berlage★**.
Longez le canal Singel pour rejoindre le charmant **béguinage★★★** *(p. 22)* et le passionnant **Amsterdams Historisch Museum★★** *(p. 23)*, qui raconte l'histoire de la ville.

Midi

Découvrez sans plus tarder le déjeuner léger à la hollandaise dans un café autour du **Spui** *(p. 24)*.

Après-midi

Flânez dans le **Quartier rouge★★** *(p. 26)* où, le long des canaux et des ruelles, se côtoient des trésors architecturaux (**Oude Kerk★**), d'innombrables cafés et les « fameuses » vitrines aux néons roses.
Puis, via la place **Nieuwmarkt** et Sint-Antoniesbreestraat, rejoignez la **maison de Rembrandt★★** *(p. 63)*.

Soirée

Après avoir dîné dans un café du **Nieuwmarkt** ou des alentours de **Muntplein**, longez les canaux de nuit, à pied ou en bateau.

JOUR 2

Matin

Zigzaguez le long des **canaux sud ★★★** pour admirer les superbes demeures à pignons.
Les **musées Van Loon★** *(p. 41)* et **Willet-Holthuysen★** *(p. 40)* permettent de découvrir l'intérieur feutré de riches maisons bourgeoises des 17-18ᵉ s.
Tout en jetant un œil aux vitrines des antiquaires le long de Nieuwe Spiegelgracht, rejoignez le **quartier des musées★★★** *(p. 52)*. Découvrez le meilleur de l'art des 20-21ᵉ s. au **Stedelijk Museum★★★** *(p. 58)*.

Midi

Déjeunez dans l'un des cafés au sein des musées ou des alentours.

Après-midi

Prenez votre courage à deux mains pour faire la queue au **musée Van**

Jour 4

*S'il vous reste du temps, mettez le cap sur les quartiers périphériques. **Oosterdok** (docks de l'Est, p. 70), en priorité, si ce n'est déjà fait, ou encore **Westerdok** (p. 50). Autre option, prenez la navette fluviale vers l'immense quartier **Noord** (p. 51), à parcourir à vélo : friches industrielles transformées, anciens villages... Ou, en tramway, rejoignez les îles artificielles de **IJburg** (p. 73), où l'on réinvente l'habitat. Dans l'après-midi, un court trajet en train vous mène à **Haarlem★★** (p. 74). Cette charmante cité fut capitale historique du comté de Hollande... avant de devenir celle des fleurs à bulbes.*

Gogh★★★ *(p. 57)*, c'est le prix à payer pour admirer *Les Tournesols*.
Finissez l'après-midi au **Rijksmuseum★★★** *(p. 52)* pour découvrir en priorité les salles consacrées aux chefs-d'œuvre de la peinture hollandaise, aux ex-colonies ou à l'art asiatique. Et dites-vous qu'au « Rijk », trois jours ne suffiraient pas pour tout voir…

▶ *Soirée*

Finissez la journée dans le quartier cosmopolite **De Pijp** *(p. 60)* et goûtez aux saveurs d'Indonésie ou du Surinam.

JOUR 3

▶ *Matin*

Consacrez la matinée aux canaux de l'ouest et au quartier du **Jordaan★★** *(p. 44)* : cafés, commerces en tous genres et un art de vivre sur terre comme sur l'eau qui fait bien des envieux.
Une visite de la **maison d'Anne Frank★★** *(p. 31)* s'impose avant de détailler les façades du canal **Brouwersgracht★★** *(p. 48)*.

▶ *Midi*

Déjeunez autour de Noordermarkt ou sur **Haarlemmerstraat** et **Haarlemmerdijk**, des rues animées où les adresses sympas ne manquent pas.

▶ *Après-midi*

Louez un vélo pour une promenade « histoire et urbanisme » dans les **docks★** *(p. 70)* et les **îles de l'Est – Oosterdokskade**, **Java-Eiland★**, **KNSM-Eiland** *(p. 73)*. Au programme : **NEMO★** *(p. 71)*, le **musée d'Histoire maritime★★** *(p. 72)*, des entrepôts rénovés et des quartiers résidentiels novateurs. Offrez-vous une pause-café à l'hôtel Lloyd *(p. 107)*.
Ceux que l'architecture contemporaine laisse de marbre préféreront le quartier de **Plantage★** *(p. 67)*, son **jardin botanique**, le **Musée juif★** *(p. 64)* et le fascinant **Tropenmuseum★★★** *(p. 69)*.

▶ *Soirée*

Concerts rock ou jazz dans des lieux mythiques, soirées électro, spectacles… Amsterdam bouge, et le touriste de passage n'a aucun mal à trouver son bonheur dans la riche programmation.

L. Maisant / hemis.fr

Java-Eiland.

HOLLAND
14

Visiter Amsterdam

Le Jour de la reine est devenu le Jour du roi en 2015.
R.Wareham / age fotostock

Amsterdam aujourd'hui

À l'instar de Venise, Amsterdam fascine les visiteurs du monde entier par la dimension presque magique qu'offrent les cités bâties sur l'eau. Mais si la Sérénissime semble joliment figée dans le passé, la capitale néerlandaise attire autant pour ses alignements de demeures patriciennes du Siècle d'or, que pour ses projets architecturaux et programmes sociaux avant-gardistes. Jadis centre des arts et du commerce intercontinental, Amsterdam rayonne toujours, et pas seulement dans les brochures touristiques. La grande cité sur pilotis s'adonne aussi à la technologie médicale, à des activités métallurgiques, graphiques et alimentaires, tandis que 40 000 étudiants fréquentent ses universités. Comme un symbole de cette continuité (malgré les épreuves), voyez la formidable simplicité des armes si anciennes de la ville : trois croix de St-André alignées sur un fond noir, désormais exploitées sur les enseignes, tee-shirts pour touristes, *Amsterdammerttjes* (petites bornes), fanions de l'Ajax, etc. Un « logo » médiéval certes, mais toujours vendeur !

Tous les canaux ne se ressemblent pas

L'eau, le niveau de la mer plus ou moins au-dessus de la tête, des maisons flottantes, de la verdure, une planification soignée et des pistes cyclables, tels sont les ingrédients communs à tous les quartiers de la ville. Pourtant, chacun recèle une identité très personnelle. Le **centre historique** aligne ses maisons de canaux, toujours étroites, jamais identiques qui, vues en grand-angle évoquent une dentition irrégulière. Elles se blottissent l'une contre l'autre à l'ombre de grands édifices : lieux du pouvoir, des échanges, du savoir, de la foi... et nouveaux temples de la consommation. Les néons du **Quartier rouge** brillent de jour comme de nuit et attirent les touristes voyeurs, là où les marins s'encanaillaient il y a six siècles déjà. Question d'image, la municipalité s'efforce désormais de circonscrire les vitrines et de faire venir les amateurs d'art et de mode dans celles qu'elle a rachetées.

La **Ceinture de canaux** qui s'étend comme une toile d'araignée autour du centre historique a été inscrite sur la liste du Patrimoine mondial en 2010. Le long de ses axes aquatiques aux noms nobles, les opulentes maisons des marchands du Siècle d'or jouent à « qui est la plus belle ? » en contemplant leur reflet. S'y sont installées des boutiques de designers et de stylistes qui perpétuent la tradition créatrice d'Amsterdam.

Le **Jordaan**, jadis territoire des ouvriers, n'a plus les pieds dans l'eau depuis le remblaiement de ses canaux insalubres. Mais ceux qui demeurent organisent les rues les plus charmantes de la cité en un gros village animé par des cafés, des épiceries et des marchés où s'entassent d'impressionnantes meules de fromages. Ici, on vit autant dans d'anciens entrepôts rénovés qu'au fond de charmants *hofjes* fleuris. **Jodenbuurt**, l'ancien quartier juif aujourd'hui si austère, symbolise la souffrance et les epreuves endurées par la ville et sa population lors de la Seconde Guerre mondiale.

Les bords de l'IJ (**Oosterdok**, **Noord** et **Westerdok**), immense zone portuaire désertée par les cargos, offrent un paysage urbain contemporain. Depuis les années 1990, les architectes laissent libre cours à leur imagination pour reconvertir des docks et créer des bâtiments emblématiques et quartiers résidentiels modèles et colorés... Des expériences réussies que l'on étend aux îles artificielles d'Ijburg. Enfin, non loin des musées où les touristes du monde entier font la queue pour admirer les Vermeer, Rembrandt et Van Gogh, le quartier **De Pijp** illustre à lui seul Amsterdam la cosmopolite.

Terre d'accueil et de tolérance

La réputation de la « Venise du Nord » repose sur le principe de la tolérance. Loin de toute tentation protectionniste, la ville se serait rendue perméable aux idées, aux influences, aux autres, pour accompagner son épanouissement. Amsterdam est permissive pour mieux maîtriser, crée une marge de transgression autour de la ligne d'interdiction : diffusion des écrits et liberté religieuse depuis des siècles, tolérance de la prostitution et des drogues aujourd'hui.

L'histoire de la cité est jalonnée d'apports permanents de nouvelles communautés (et d'idées). Aujourd'hui 170 nationalités s'y côtoient : Turcs, Surinamiens, Marocains, Indonésiens, Créoles... 47 % des Amstellodamois sont étrangers. La municipalité a développé une politique antidiscriminatoire ambitieuse pour favoriser leur intégration et contrer les tensions apparues ces dernières années.

Une ville qui fait des envieux

Tous les soirs vers 17h-18h, les Amstellodamois se réunissent pour des apéritifs conviviaux. Ils envahissent les terrasses sur les quais. Se réchauffent mutuellement autour des comptoirs minuscules des cafés bruns ou des *proeflokalen*. Ou sortent simplement un banc sur leur palier ou près du ponton de leur péniche. Loin des banlieues plus tristes que l'on ne visite pas, ce style de vie amstellodamois fascine les touristes. On en vient à prendre la réserve naturelle des locaux pour de l'arrogance. On devient jaloux de ces quartiers bien conçus, ces petits *eetcafés* si bien approvisionnés en produits bio, ces galeries d'art qui n'ont pas peur de côtoyer un vendeur de hot dogs, et ces intérieurs si chaleureux. Car ici on ne vous cache pas grand-chose. Les fenêtres sans volets évoquent des vitrines qui nous obligent à devenir voyeur ou à détailler les canapés du salon. Si bien que l'on a parfois l'impression de se promener dans une version à ciel ouvert du « Salon de l'habitat ». Indifférence du regard des autres ? Ou désir de partager ?

À vous de juger, selon vos critères, si cette qualité de vie peu courante et cet esprit libéral sont un mythe ou une réalité !

Le centre historique★★★

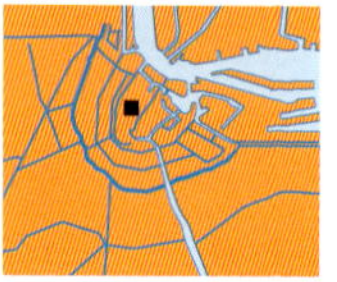

Il correspond géographiquement aux limites de la cité médiévale telle qu'elle était jusqu'au milieu du 16ᵉ s., avant l'aménagement des grands canaux à l'ouest. C'est ici que débarquaient les marins, euphoriques de mettre enfin pied à terre. Les touristes les ont aujourd'hui remplacés, aimantés eux aussi par le Dam, emplacement de la première digue devenu le cœur animé et commerçant de la ville. Trop commerçant peut-être ? Sans doute... mais il suffit bien souvent de se laisser porter au fil d'un canal ou de pousser la porte d'un café brun pour retrouver toute la magie du Siècle d'or.

▶ **Accès** : de la gare centrale (trains, ferries, métro), les tramways traversent le centre historique vers le sud : Tram 1, 2, 5 via le Spui et Tram 4, 9, 14, 16, 24 via le Dam et Rokin.

Plan de quartier p. 16-17. Plan détachable C3-4, D 2-3-4.

▶ **Conseil** : malgré son « rang », nous vous conseillons de ne pas consacrer 100 % de votre séjour, même court, à ce quartier. Il y a tant d'autres choses à voir ailleurs...

Le **Nieuwe Zijde** (« nouveau côté »), décrit ici, correspond à l'ouest du centre historique autrefois séparé de l'**Oude Zijde** (*p. 26*) par l'Amstel.

CENTRAAL STATION

(Gare centrale)

Construite entre 1881 et 1889 sur trois îles artificielles aménagées sur l'**IJ** à l'emplacement du port, la gare centrale est souvent votre première vision de la ville. Voulue par les architectes Adolf Leonard van Gendt (1835-1901) et Pierre Cuypers (1827-1921) comme une porte monumentale, cette architecture de brique rouge néo-Renaissance, qui repose sur **8 700 pilotis**, marqua l'entrée de la cité dans l'ère industrielle. Nœud ferroviaire mais aussi gare fluviale, station de métro et de tramway, elle est actuellement l'objet d'un vaste projet de rénovation, qui devrait s'achever en 2017 avec la construction d'une nouvelle ligne de métro Nord/Sud. Après, pourquoi pas, un passage par la brasserie Belle Époque *Eerste Klas* (sur le quai 2B), vous sortirez sur **Stationsplein**, qui vibre au rythme de l'incessant va-et-vient des voyageurs.

DAMRAK

Ancien avant-port, le Damrak fut presque intégralement remblayé en 1672 pour laisser place à la principale artère de la ville, qui relie la gare

Du Damrak subsiste un bassin où sont amarrés les bateaux de promenade.

rederij plas
KONINGIN EMMA

Centre historique
0
100
200 m
N
HET IJ
De Ruijterkade
Piet Heinkade
Centraal Station
Air Terminal
Centraalstation
Stationsplein
Open Havenfront
Prins Hendrikkade
Sint-Nicolaaskerk
Schreierstoren
Kromme Waal
Geldersekade
Binnen Bantammerstr.
Zeedijk
St. Olofspoort
Sint Olofssteeg
Nieuwebrugsteeg
Oudezijds Armstraat
Ons' Lieve Heer op Solder Solder
Stormstr.
He Hua Temple
Korte Niezel
Lange Niezel
Erotic Museum
Molenstr.
St. Geertruidenst.
Musée de la Prostitution
E. Kerkstr.
Huis Leeuwenburg
Warmoesstraat
Prostitue Informatie Centrum
Oude Kerk
Oudekerkpl.
OUDE ZIJDE (Quartier rouge)
Sex Museum Venus Tempel
Damrak
Oudebrugsteeg
Beurs van Berlage
Beursstraat
Beursplein
Martelaarsgracht
Nieuwendijk
Buiten Visserstraat
Jacobsstraat
Nieuwezijds Kolk
Kolksteeg
D. v. Hasselstraat
NIEUWE ZIJDE
N. Nieuwstraat
Nicolaasstraat
Gravenstraat
Eggertstraat
Nieuwe Kerk
Mozes en Aäron
Magna Plaza
Nieuwezijds
Spuistraat
Torensluis
Singel
Kattengat
Voorburgwal
Oude Nieuwstr.
Koggestraat
Ronde Lutherse Kerk
Haarlemmerstraat
Brouwersgracht
Langestraat
Multatuli Museum
Herengracht
Blauwburgwal
Herenstraat
De Dolphijn
1
2
3
4
7
9
10
12
13
18
40
57

De Waag
Nieuwmarkt
Trippenhuis
Kleine Trippenhuis
Oost-Indisch Huis
Zuiderkerk
Zuiderkerkhof
Sint Ant. Breestr.
Jodenbreestraat
Rembrandthuis
Waterlooplein
Stadhuis
Muziektheater
Zwanenburgwal
Groenburgwal
Groenengracht
Verversstraat
Staalstraat
Amstel
Kloveniersburgwal
Raamgracht
Oude Hoogstraat
Achterburgwal
Voorburgwal
Oudezijds
The Hash Marihuana & Hemp Museum
Prinsenhof
Oude Manhuispoort
Huis aan de Drie Grachten
Allard Pierson Museum
Rokin
Muntplein
Munttoren
Bloemenmarkt
Tuschinski Theater
Kalverstraat
Voetboogstraat
Handboogstraat
Spui
Het Lieverdje
Begijnhof
Schuttersgalerij
Amsterdams Historisch Museum
Koninklijk Paleis
Madame Tussaud Scenerama
Dam
Nationaal Monument
Heilige Stede
The Amsterdam Dungeon
Nes
Vrankrijk
Singel
Koningsplein
Recht Boomssloot
Oudeschans
Koningsstraat
Keizersstraat
Dijkstraat
Blauwbrug
Amstelstraat
Raadhuisstraat
Spuistraat
Rozenboomsteeg
Langebrugsteeg
Begijnensteeg
Sint Luciensteeg
Paleisstraat
Damsstraat
St. Jansstraat
Rusland
Grimburgwal
Turfdraagsterpad
Vendelstraat
Oude Turfmarkt

SE RESTAURER
- Café Bern.... 26
- De Bakkerswinkel.... 18
- d'Vijff Vlieghen.... 62
- Frenzi.... 71
- Gartine.... 22
- Haesje Claes.... 36
- Harkema.... 39
- Humphrey's.... 40
- Kantjil en de Tiger.... 41
- Kapitein Zeppos.... 42
- Latei.... 45
- Lucius.... 78
- Sie Joe.... 57

PRENDRE UN VERRE
- Café Stevens.... 1
- Café 't Mandje.... 12
- Dampkring.... 6
- De Bekeerde Suster.... 2
- De Drie Fleschjes.... 4
- De Engelbewaarder.... 9
- De Jaren.... 5
- De Koffie Salon.... 11
- Greenhouse.... 8
- In de Wildeman.... 10
- In't Aepjen.... 13

SHOPPING
- Athenaeum Boekhandel.... 14
- Condomerie.... 12
- Copa Football Store.... 9
- De Bijenkorf.... 1
- Droog Design.... 6
- HEMA.... 2
- Jacob Hooy & Co.... 13
- Jan Jansen.... 8
- Joe's Vliegerwinkel.... 11
- Magna Plaza.... 3
- Oud Amsterdam.... 4
- Oude Manhuispoort.... 15
- P.G.C. Hajenius.... 16
- 't Klompenhuisje.... 10
- United Nude.... 7

SORTIR
- Frascati.... 1
- Supper Club.... 2

centrale à la place du Dam. Seul subsiste un petit bassin où sont amarrés les bateaux de promenade. L'axe, bordé d'une enfilade de magasins de souvenirs et de bars, est malheureusement peu attrayant. Seule la bourse de Berlage, dressée sur le côté est de l'avenue, l'embellit.

BEURS VAN BERLAGE★

(Bourse de Berlage)

Damrak 243 - ✆ (020) 530 41 41 - www.beursvanberlage.nl - ouvert uniquement durant les expositions et lors des concerts - café : 10h-18h (dim. 11h-18h). Derrière cette sobre façade de brique rouge, datant de 1903, se cache l'œuvre phare de **Hendrick Petrus Berlage** (*p. 135*), architecte épris de fonctionnalisme et pionnier de l'architecture moderne aux Pays-Bas. Il réalisa ici une œuvre totale, une synthèse des arts entre architecture, peinture, sculpture et poésie (maximes inscrites en façade ou sur la tour). Depuis 1987, la *Grote Zaal* aux galeries couvertes sert de centre culturel. En dehors des expositions, vous pourrez vous faire une petite idée de l'architecture intérieure en prenant un verre au **café** de la bourse. La Bourse d'Amsterdam (**AEX**) ouvre ses portes au public pour une visite guidée en anglais qui permet d'en découvrir les coulisses et d'en apprendre plus sur l'histoire du commerce aux Pays-Bas *(The AEX Experience - Beursplein 5 - ✆ (020) 550 55 00 - www.aex.nl - merc. et vend. 15h, sur réservation - 7,50 €).*

LE DAM★

Vous voici au **centre géographique et historique** de la ville. Place principale d'Amsterdam, le Dam se trouve à la jonction des deux grandes artères centrales : le Damrak (*p. 14*) et le Rokin (*p. 22*), à l'emplacement de la digue *(dam)* sur l'Amstel. Depuis sa fondation, cet espace, qui accueillait jadis le marché central, a toujours été le lieu des manifestations et des fêtes populaires. Repaire des hippies dans les années 1960, il accueille désormais divers événements et sert de lieu de rendez-vous aux jeunes et aux touristes. Outre le Palais royal et la Nouvelle Église (*ci-après*), voyez au nº 11 la **maison de Wildeman** (« le sauvage »), la plus ancienne de la place (1632).

Dans la partie est de la place se dresse le **Nationaal Monument** (monument national de la Libération, 1956), obélisque de 22 m de haut du sculpteur John Raedecker, qui symbolise l'humanité souffrante, courbée sous le fléau de la guerre. Flanquée de deux lions héraldiques nationaux, la structure renferme de la terre provenant des provinces du pays ainsi que des anciennes Indes néerlandaises.

KONINKLIJK PALEIS★

(Palais royal)

Dam - (020) 620 40 60 - www.paleisamsterdam.nl - les jours d'ouverture (11h-17h) sont signalés sur le site Internet - 10 € (gratuit -18 ans).

Cet ancien hôtel de ville fut construit par **Jacob van Campen** à partir de 1648, en remplacement de l'édifice médiéval. Il devint palais royal en 1808 sous le règne de Louis Bonaparte, frère de Napoléon. C'est une **construction classique** et volontairement lourde (symbole d'opulence), en matériaux nobles (pierre de Bentheim, marbres), qui s'appuie sur **13 659 pilotis de bois**. Les façades est et ouest sont surmontées de tympans sculptés par l'Anversois Artus Quellin le Vieux, à qui l'on doit également la décoration intérieure. Au-dessus de la façade ouest, remarquez la sculpture d'Atlas soutenant le globe céleste, qui rappelle la position dominante de la cité marchande durant le Siècle d'or. L'intérieur dévoile un dédale de salles et de salons agrémentés d'une riche **statuaire★**. La pièce la plus

Le miracle d'Amsterdam

Le 15 mars 1345, dans une petite maison près du Rokin, un mourant régurgita dans le feu l'hostie qui lui avait été administrée lors de l'extrême-onction. Le lendemain matin, l'hostie fut retrouvée intacte au milieu des cendres. Les pèlerins affluèrent bientôt par milliers, contribuant, dit-on, à l'essor de la ville. Chaque année, le miracle est évoqué par une procession nocturne silencieuse (De Stille Omgag), la nuit du samedi au dimanche suivant le 15 mars.

Voir aussi le Musée historique d'Amsterdam (p. 22) et l'église anglaise du Béguinage (p. 23).

impressionnante est la **salle des citoyens★** *(Burger zaal)*, dont le sol en marbre représente une carte des hémisphères est et ouest ainsi que le firmament nord. De nos jours, le roi réside au palais de Huis ten Bosch à La Haye, mais le bâtiment est toujours à sa disposition pour diverses cérémonies. Des expositions y sont régulièrement organisées.

NIEUWE KERK★★

(Nouvelle Église)

Dam – ✆ (020) 638 69 09 - www.nieuwekerk.nl - 11h-17h - fermé 1er janv. et 25 déc. - tarif variable selon les expositions.

Grâce à sa position centrale, cette église est le lieu de l'intronisation des souverains, depuis Guillaume Ier en 1815 à Willem-Alexander en 2013. Aujourd'hui, la Nouvelle Église sert de cadre à des expositions majeures. En 1408, un siècle après le début de la construction de l'Église vieille (*Oude Kerk, p. 26*) et alors que la population augmente constamment, l'évêque d'Utrecht autorisa la construction de ce second lieu de culte. Le sanctuaire, qui prit naturellement le nom de « Nouvelle Église », fut édifié dans un style **gothique flamboyant**, teinté des premières influences de la Renaissance. Mais, victime d'un incendie en 1645 et des fonds engagés dans la construction de son terne voisin qu'est le palais royal, il ne reçut jamais le clocher grandiose qu'avait prévu **Jacob van Campen**. Plusieurs fois pillé ou ravagé par des incendies et dégarni de son ornementation après l'Altération de 1578 et le passage au culte protestant, l'**intérieur★★** se distingue par sa sobriété et la belle luminosité créée par 75 fenêtres. Le regard se dirige vers la voûte en bois et le majestueux **buffet d'orgue★★** réalisé vers 1650 d'après les dessins de Jacob van Campen.

Remarquez l'imposante **chaire★★** en bois ciselé (1649-1664), la plus grande d'Europe, et la finesse de son décor. Séparé de la nef par une belle **grille★** en cuivre doré, chef-d'œuvre de Johannes Lutma, orfèvre d'Amsterdam et ami de Rembrandt, le chœur abrite le **mausolée de Michiel de Ruyter★** (1607-1676), considéré comme l'un des plus grands amiraux des Pays-Bas.

En sortant de l'église, attardez-vous dans **Eggertstraat** et **Gravenstraat**, deux ruelles pleines de charme où se niche le *proeflokaal* **De Drie Fleschjes** (*« Nos adresses » p. 87*).

MAGNA PLAZA

Nieuwezijds Voorburgwal 182.

Derrière le Palais royal se trouve l'impressionnant édifice néogothique de l'ancienne poste, construite en 1899 par C.G. Peters. Depuis 1992, un centre commercial de luxe (*« Nos adresses » p. 94*) occupe ses élégantes galeries à arcades.

MADAME TUSSAUD SCENERAMA

Dam 20 - ✆ (020) 522 10 10 - www.madametussauds.com - 10h-17h30 ; juil.-août : 10h-21h - 22 € (5 à 15 ans 18 €, gratuit -5 ans).

Centre commercial Magna Plaza.

SISSY-BOY
HOMELAND
Basement

Cousine, plus modeste, du célèbre Madame Tussaud's Waxworks de Londres, cette attraction met en scène des mannequins de cire représentant des personnages historiques et des vedettes internationales (en phase avec l'actualité). L'accent est porté sur le Siècle d'or à Amsterdam, avec notamment une intéressante **maquette tournante** de la ville.

KALVERSTRAAT ET ROKIN

Ces deux axes animés relient le Dam au carrefour sur les canaux qu'est **Muntplein** *(p. 36)*. Principale rue piétonne et commerçante de la ville, **Kalverstraat** regroupe toutes les marques internationales de prêt-à-porter, une enfilade d'enseignes qui transforme la rue en ruche en fin de semaine...

Large artère principale du centre-ville, dans le prolongement du Damrak *(p. 14)*, le **Rokin** recouvre l'ancienne embouchure de l'Amstel. De ce vaste port intérieur *(rak-in)* ne subsiste plus aujourd'hui que le petit bassin, situé près de Muntplein et bordé à l'est par le musée Allard Pierson *(p. 24)*. Malgré quelques immeubles modernes contestables, l'avenue a conservé d'imposantes demeures datant pour l'essentiel du 19e s. Notez ainsi les nº 91 et nº 145, dessinées par Philip Vingboons. En remontant l'avenue sur le côté droit, remarquez la petite **Heilige Stede** (colonne du miracle) qui commémore le miracle d'Amsterdam *(p. 19)*.

AMSTERDAMS HISTORISCH MUSEUM★★

(Musée historique d'Amsterdam)
Nieuwezijds Voorburgwal 357/ Kalverstraat 92/Sint-Luciënsteeg 27 - (020) 523 18 22 - www.ahm.nl - 10h-17h - fermé 1er janv., 26 avr., 25 déc. - 11 € (enf. 5 €, gratuit -5 ans).
Ce musée est un préambule ou un complément indispensable à la visite « sérieuse » de la ville. Installé dans l'ancien orphelinat municipal (*Burgerweeshuis* - 15e-17e s.), il

Habiter sur l'eau : un rêve coûteux

C'est le rêve temporaire de bien des touristes qui déambulent le long des canaux du centre historique, de la Ceinture de canaux et d'ailleurs... L'agglomération d'Amsterdam compte 2 500 péniches et maisons flottantes (Woonboten ou Houseboats), raccordées aux réseaux de gaz, d'électricité, d'eau et d'égouts. Ce type d'habitat, né dans les années 1950 en période de pénurie de logement, fut plébiscité par les hippies et les Provos pendant les années 1960. Mais la réglementation actuelle n'autorisant plus de nouvel amarrage, l'unique solution pour habiter sur une péniche est d'en acheter une déjà apontée. Atypique et pleine de charme, la vie dans les maisons flottantes n'en est pas moins onéreuse, en raison des coûts élevés d'entretien. Cette tradition se perpétue pourtant dans les villes nouvelles des îles artificielles, toujours plus loin à l'est de la capitale hollandaise.
Pour en savoir plus, visitez le ***Houseboat Museum*** *(p. 35).*

brosse un portrait très complet de l'**histoire d'Amsterdam**, grâce à des maquettes, cartes et tableaux présentés de manière dynamique et chronologique.

Ne manquez pas la projection de la vue aérienne d'Amsterdam, qui permet d'assister en accéléré à l'extension de la cité bâtie entièrement sur du sable, depuis la construction de la première digue (12e s.) jusqu'à nos jours. Un fort accent est mis sur la prospérité du **Siècle d'or**, indissociable de l'esprit d'entreprise de la Compagnie des Indes orientales (VOC). Alors que les richesses du monde entier s'accumulaient dans les entrepôts de la ville et que se développait un goût immodéré pour les œuvres d'art, la ville n'oubliait pas ses miséreux et les institutions charitables proliféraient. Vos oreilles sont ensuite sollicitées pour découvrir les **carillons** des fondeurs lorrains Pierre et François Hemony qui rythmaient la vie sociale. Une présentation des années Napoléon et du déclin de la ville au 19e s. précède une partie passionnante, consacrée à la **période moderne** et la formidable évolution urbaine et sociale de la ville : plan d'urbanisme de l'école d'Amsterdam, maquettes de logements, société multiculturelle, mouvement Provo, coffee-shops, etc.

Schuttersgalerij★ (Galerie des Gardes civiques) – Dans cette galerie couverte *(accès libre)*, qui relie le musée au béguinage *(ci-contre)*, sont suspendus d'immenses portraits de corporations de gardes civiques, ces milices bourgeoises qui assuraient l'ordre dans la ville. Chaque année, le changement de capitaine était commémoré par ces portraits de groupe dont *La Ronde de nuit* de Rembrandt, visible au Rijksmuseum (*p. 52*), est le plus célèbre.

BEGIJNHOF★★★

(Béguinage)

Entrées sur le Spui et sur Gedempte Begijnensloot - 9h-17h. Propriété privée : respectez le calme du lieu.

Havre de paix et de verdure au cœur de la ville, le béguinage se présente comme un espace clos et protégé, planté d'arbres et entouré d'élégantes demeures à pignon qui s'ordonnent autour d'un pré. C'est ici que résidaient les **béguines**, femmes célibataires ou veuves issues d'une communauté mi-religieuse, mi-laïque et dont le temps se partageait entre prières, actions de bienfaisance et travaux manuels. Construit à partir de 1346 à la limite extérieure de la ville, puis inclus à l'intérieur de l'enceinte, l'ensemble de l'édifice fut détruit par les incendies du 15e s. Les demeures précédées d'un jardinet fleuri que l'on admire aujourd'hui datent pour l'essentiel des 17e et 18e s. Au no 34 subsiste cependant la plus vieille maison d'Amsterdam, **Het Houten Huis** (la maison de bois – v. 1425), dotée d'une façade en bois. L'église anglaise, **Engelse Kerk** (15e s.), servait de lieu de culte aux béguines, jusqu'à ce que les protestants s'en emparent en 1607. Une petite chapelle catholique clandestine, **Begijnhofkapel**, fut alors aménagée au no 29 en 1665. À gauche de l'autel, un tableau relate les épisodes du miracle d'Amsterdam (p. 19). Prenez le temps de déambuler autour du jardin, pour apprécier la quiétude du lieu et détailler les pierres de façade (p. 48).

LE SPUI

Cette agréable place animée et de forme irrégulière est bordée par des cafés bruns, le béguinage, le Singel et la Vieille Église luthérienne (Oude Lutherse Kerk – 1633), actuel amphithéâtre de l'université. Les étudiants se donnent d'ailleurs volontiers rendez-vous sur le Spui (prononcez « Spau »). Dans les années 1960, le mouvement contestataire Provo y organisait ses rassemblements autour de la petite statue **Het Lieverdje** (1960), un enfant au sourire gouailleur. Leur mouvement se prolongea dans les années 1970 par celui des squatters, comme en témoigne encore la façade bariolée du squat **Vrankrijk** au n° 216 de la Spuistraat.

ALLARD PIERSON MUSEUM★

Oude Turfmarkt 127 - ✆ (020) 525 25 56 - www.allardpiersonmuseum.nl (en anglais) - mar.-vend. 10h-17h, w.-end 13h-17h - 10 € (-16 ans 5 €, gratuit -4 ans).

Installé dans un édifice néoclassique de 1869, à l'emplacement de l'ancien marché de la tourbe – source de chauffage principale jusqu'au milieu du 19e s. –, le **musée d'Archéologie de l'université** réunit une passionnante collection d'antiquités égyptiennes, grecques, romaines et moyen-orientales, qui ravira plus particulièrement les férus d'archéologie. Signalons, pour le néophyte, la série de masques de **momies égyptiennes★**, le **kouros grec★** dit « d'Amsterdam » (590 av. J.-C.) et la collection de **céramiques grecques à figures rouges★**.

Dans le béguinage, la plus vieille maison d'Amsterdam.

Het Houten Huys

Le Quartier rouge★★

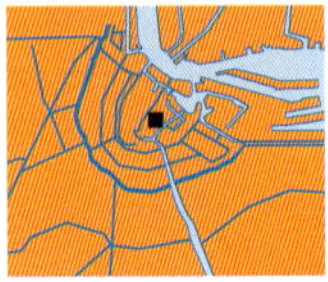

Derrière ce surnom porteur de fantasmes se cache le « vieux côté » (Oude Zijde) du centre historique. Situé à l'est du Damrak-Rokin, il s'est démarqué du « nouveau côté » au 15e s. (voir « Centre historique » p. 14) pour des raisons de divisions paroissiales. Cette zone est également connue sous le nom de Walletjes (« petits murs »), à cause de l'étroitesse des vieilles ruelles derrière les fenêtres desquelles se tiennent les prostituées. Tout l'intérêt du quartier réside dans ce mélange étonnant de monuments historiques, d'adorables canaux, d'ateliers de créateurs, de sex-shops et de néons rouges.

▶ **Accès** : M Centraal Station et Nieuwmarkt.

Plan de quartier p. 16-17. Plan détachable D 2-4.

▶ **Conseils** : le caractère excessif du quartier ne doit pas vous faire oublier ses charmes architecturaux. À découvrir le soir, pour l'effervescence et le reflet des néons dans les canaux, ou en journée pour plus de calme.

OUDE KERK★

✆ (020) 625 82 84 - www.oudekerk.nl - 10h-18h, dim. 13h-17h30 - fermé 1er janv., 27 avr., 25 déc. - accès au clocher avr.-sept. ; jeu.-sam, ttes les 30mn de 13h à 17h - 5 à 7,50 € (gratuit -12 ans). Miraculeusement épargnée par les incendies, la plus ancienne église de la ville (1306) se dresse au cœur du Quartier rouge, au-dessus d'une adorable placette pavée. C'est donc fort logiquement de son clocher, surmonté d'une élégante flèche au 16e s., que l'on bénéficie de la plus belle **vue★★** sur les environs. Refuge des plus démunis et des marins, l'église passa aux mains des protestants en 1578 et une grande partie de son ornementation originale fut mise à mal par les iconoclastes. La chapelle de la Vierge conserve toutefois trois **vitraux★** de 1555. On admirera également le détail des scènes populaires et un peu grivoises sculptées sur les **stalles★** du chœur (1480-1578). L'église abrite, depuis 1642, la dépouille de Saskia van Uylenburgh, l'épouse de Rembrandt (dalle no 29), et d'autres personnages célèbres (le peintre Pieter Aertsen, l'écrivain Roemer Visscher, les architectes Justus et Philip Vingboons et le compositeur Jan Pieteroon Sweelinck). L'église sert de cadre à des concerts d'orgue (le **grand orgue★** principal, de 1724, jouit d'une excellente réputation) mais aussi à des expositions culturelles.

Warmoesstraat – Cette longue rue voisine, bordée de vitrines hétéroclites (sex-shops, salons de thé, coffee-shops), fut jadis l'adresse de l'élite marchande.

B.Gardel / hemis.fr

Le Quartier rouge à la tombée de la nuit.

ONS'LIEVE HEER OP SOLDER★

(Notre-Seigneur-au-grenier)
Oudezijds Voorburgwal 40 - ✆ (020) 624 66 04 - www.opsolder.nl - lun.-sam. 10h-17h, dim. et j. fériés 13h-17h - fermé 1er janv. et 27 avr. - 8 € (enf. demi-tarif, gratuit -5 ans). Un centre pour les visiteurs, en cours d'aménagement dans la maison de l'autre côté de la ruelle, devrait être relié par un souterrain au musée d'ici à 2015. Derrière le nom insolite du lieu (« Notre-Seigneur-au-grenier », connu également comme le **Museum Amstelkring**) se cache une ancienne église clandestine, aménagée dans les combles de trois demeures mitoyennes. Après le traité d'Utrecht, les catholiques, chassés de leurs églises par la Réforme, célébrèrent leurs offices chez des particuliers – une pratique tacitement tolérée. La ville compta ainsi une vingtaine de lieux. Celui-ci servit entre 1663 et 1887, date de l'érection de la nouvelle église St-Nicolas. Passé la chambre du canal et son aménagement dans un style hollandais du 17e s., vous parvenez aux étages supérieurs et à l'**église clandestine★**, proprement dite, qui a retrouvé sa couleur vieux rose du 19e s. Notez l'ingénieux système de chaire escamotable. Ce parcours labyrinthique permet de se faire une idée de l'aménagement des maisons de canal de l'époque et d'admirer une intéressante collection d'objets liturgiques.

Dans le rouge depuis des siècles

Terre d'élection des marins dès le 14e s., Amsterdam a toujours observé une certaine tolérance envers la prostitution, localisée depuis ses débuts dans le Quartier rouge. Malgré une tentative d'interdiction par les calvinistes dès 1578, on compta 20 000 prostituées au 19e s. La politique sociale libérale des années 1970 a autorisé les prostituées à travailler dans des vitrines, repérables à leurs lanternes rouges. Ces mesures furent prises pour contrôler l'activité, éviter la corruption et les réseaux criminels, préserver la sécurité des femmes et l'ordre public. Les prostituées payent des impôts, bénéficient d'une couverture sociale, de contrôles médicaux et sont représentées par le syndicat Rode Draad (le « fil rouge »). Mais depuis 2007, cette partie de la ville entame sa mutation. Soucieuse de son image, mais aussi du pouvoir d'attraction du Quartier rouge, la municipalité entend faire évoluer De Walletjes. De jeunes créateurs investissent désormais les vitrines vacantes, mises à leur disposition pour des sommes modestes (programme Red Light Fashion). Le but n'est pas de faire disparaître la prostitution mais de la diminuer, et de transformer peu à peu ce quartier en zone mixte de « plaisirs » et de création.

AU NORD DU QUARTIER ROUGE

Huis Leeuwenburg (Maison Leeuwenburg) – *Oudezijds Voorburgwal 14*. Cette pittoresque façade de brique rouille à pignon à redents, du 17e s., s'orne d'une pierre sculptée représentant un château fort abritant un lion. Du pont voisin, on a une **vue★** pittoresque sur la coupole de l'église St-Nicolas.

Sint-Nicolaaskerk (Église St-Nicolas) – *Prins Hendrikkade 73 - chorale les sam. de sept. à juin à 17h et concerts réguliers - www.muziekindenicolaas.nl*. Construite en 1887 dans le style néobaroque par Adrianus Cyriacus Bleys, elle est repérable grâce à son imposant dôme octogonal et à ses deux clochers carrés. Ce sanctuaire, consacré en 1887, marqua l'émancipation du catholicisme après des années de clandestinité. L'église est dédiée à saint Nicolas, patron des marins et d'Amsterdam, équivalent du Père Noël aux Pays-Bas.

Schreierstoren (Tour des Pleureuses) – *Prins Hendrikkade 94-95*. Ancien bastion de la première enceinte de la ville (1480), cette tour semi-circulaire doit son nom, dit-on, aux larmes qu'y versaient les femmes des marins, venues regarder s'éloigner les bateaux.

NIEUWMARKT

Cet agréable espace piéton bordé de terrasses doit son atmosphère animée à sa position de carrefour entre le quartier chinois, le Quartier rouge et le quartier juif.

De Waag★ – Le Poids public, ou Porte St-Antoine *(St.-Anthoniespoort)*, trône au centre de la place. Imposante fortification de 1488, flanquée de tours et de tourelles, et autrefois entourée d'un fossé, elle marquait la limite de la ville commerçante à l'ouest et des quartiers pauvres à l'est. Elle servit de siège aux guildes, qui disposaient chacune d'une entrée séparée. Celle des chirurgiens est ainsi marquée par l'inscription « Theatrum Anatomicum ». Elle renferme à présent un agréable café-restaurant *(www.indewaag.nl - 9h-1h)*.

Zeedijk – Rue piétonne animée, l'ancienne « digue de la mer » constitue le **quartier chinois**, avec son temple bouddhiste He Hua *(Zeedijk 106 - mar.-sam. 10h-17h, dim. 12h-17h)*, inauguré par la reine Beatrix en l'an 2000. Au n° 1 (côté gare) se dresse l'une des dernières maisons en bois de la ville, abritant depuis 1550 le café brun **In't Aepjen** *(« Nos adresses » p. 88)*.

AU SUD DU QUARTIER ROUGE

Oudezijds Achterburgwal/Oudezijds Voorburgwal – Ces deux charmants canaux parallèles servent d'artères principales au quartier. Le long du premier, se trouvent l'**Erotic Museum** *(n° 54 - ✆ (020) 627 89 54 - 11h-1h, jusqu'à 2h vend. et sam. - 7 €)*, un **musée de la Prostitution** *(Red Light Secrets - n° 60 - www.redlightsecrets.com - 12h-0h - 7,50 €)* et, plus intéressant, le **Hash Marihuana & Hemp Museum** *(n° 148 - ✆ (020) 624 89 26 - www.hashmuseum.com - 10h-22h - 9 €)*, musée récemment rénové retraçant l'histoire et les usages du haschich. Voyez aussi le **Prinsenhof** *(Oudezijds Voorburgwal 197)*, un ancien couvent du 15ᵉ s. devenu cour des Princes puis siège de la municipalité. Il abrite désormais l'hôtel The Grand Amsterdam, réputé pour son intérieur des années 1920.

Kloveniersburgwal – Le long de ce canal qui court de Nieuwmarkt à l'Amstel, vous remarquerez la **Trippenhuis** (n° 29), un imposant édifice classique construit en 1662 par Justus Vingboons pour les frères Trip, fabricants de canons. Le passage couvert voisin, l'ancien hospice d'**Oudemanhuispoort**, accueille des étals de bouquinistes *(« Nos adresses » p. 95)*. Non loin, voyez le **Grimburgwal**, un canal creusé au début du 14ᵉ s. et dominé par la belle **maison des Trois Canaux**★ (Huis aan de Drie Grachten - 1609).

Muntplein – *p. 36.*

Les canaux nord★★★

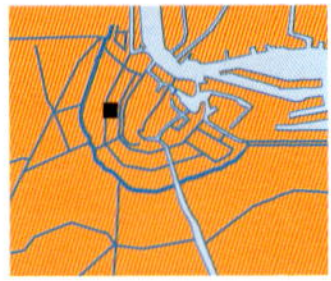

Ces nobles canaux (« de l'Empereur », « du Prince », « des Seigneurs »), percés à partir de 1586, déroulent leurs quais majestueux, bordés d'étroites façades à pignons, de demeures patriciennes opulentes, d'anciens entrepôts et de maisons flottantes. La quiétude des lieux et la présence de nombreuses petites boutiques et eetcafés (parfaits pour la pause déjeuner), font de la partie nord de cette Ceinture de canaux, celle qui épouse la forme du Singel, un quartier à la fois vivant, intime et charmant où il fait bon s'attarder.

▶ **Accès** : Tram 13, 14, 17.

Plan de quartier p. 33. Plan détachable C 2-4.

▶ **Conseils** : n'hésitez pas à faire des incursions dans le Jordaan tout proche et à zigzaguer au hasard parmi les canaux entre la visite des lieux décrits ci-dessous.

WESTERMARKT★

Cernée par les canaux, la vaste place de l'ancien « marché de l'ouest » sert de point de transit entre le centre historique et le Jordaan. On y accède notamment par **Raadhuistraat**, rue bordée d'une galerie à arcades, animée de terrifiantes gargouilles. Au n° 6 de la place subsiste une maison où vécut **Descartes** (« Quel autre pays où l'on puisse jouir d'une liberté si entière »). Au sol s'étend l'**Homomonument**, un monument triangulaire dédié aux homosexuels persécutés par les nazis.

Westerkerk★ (Église de l'Ouest) – *Prinsengracht 281 - ✆ (020) 624 77 66 - www.westerkerk.nl - lun.-sam. 11h-15h ; offices religieux dim. 10h30.* De style gothico-Renaissance, c'est le temple protestant le plus important de la ville. Elle a été bâtie dans les années 1620-1631 par Pieter de Keyser, d'après les plans de son père Hendrick. Le **clocher★★**, surmonté de la couronne de Maximilien (récompense à la ville pour un prêt accordé), s'élève à 85 m et possède un remarquable carillon dû à François Hemony. Vous l'entendrez lors du concert du mardi *(12h-13h)*. Du sommet, la **vue★** sur les canaux et le Jordaan est splendide. L'intérieur de l'église est d'une grande sobriété. Remarquez la voûte en berceau construite en bois, ou encore les volets peints du très bel orgue.
C'est ici que le peintre **Rembrandt** *(➲ p. 132)* fut inhumé dans une fosse commune le 8 octobre 1669.
Adossée au flanc sud de l'église, la petite statue d'Anne Frank (1977), réalisée par Mari Andriessen (1897-1979), invite à la visite du musée qui lui est consacré.

ANNE FRANK HUIS★★

(Maison d'Anne Frank)

Prinsengracht 267 - ✆ (020) 556 71 00 - www.annefrank.org (en français) - nov.-mars : 9h-19h (sam. 21h) ; avr.-oct. : 9h-21h (sam. et juil.-août tlj 22h) - 9 € (demi-tarif 10-17 ans, gratuit -10 ans). Escalier du musée difficilement accessible pour les personnes à mobilité réduite. Pour éviter une longue attente, préférez les horaires tardifs en été ou venez tôt le matin. Construit en 1635, cet immeuble étroit s'étend en profondeur et comporte une arrière-maison agrandie en 1740. C'est là que le père d'Anne Frank cacha sa famille et des amis en 1942. On retrouva dans la maison l'émouvant **journal** tenu par sa fille Anne, témoignant d'une rare sensibilité. En passant par la maison reconstruite en façade et par un passage secret dissimulé par une bibliothèque, le visiteur accède aux chambres, laissées volontairement nues, où vivaient les clandestins. « Dans la journée, nous sommes constamment obligés de marcher sur la pointe des pieds et de parler tout bas parce qu'il ne faut pas qu'on nous entende de l'entrepôt »... À mesure que l'on découvre les lieux, plongés dans la pénombre, on se prend soi-même à avancer avec précaution. Au grenier, intéressantes expositions sur Anne Frank, la guerre et l'antisémitisme. Pour compléter sa mission pédagogique, le musée propose, en fin de visite, une expérience interactive, *free2choose*, où chaque visiteur peut voter sur des questions traitant des droits de l'homme, à l'issue de différents documentaires.

LELIEGRACHT

Au bord du joli canal des Lys, remarquez le bel **édifice Art nouveau EHLB** (1905) édifié pour une compagnie d'assurances et orné de mosaïques colorées.

HOFJE VAN BRIENEN

Prinsengracht 85-133 - lun.-vend. 6h-18h, sam. 6h-14h, fermé dim. À la différence des *hofjes* du Jordaan (*p. 48*), celui-ci fut édifié tardivement (1804) et du côté « riche » du canal, ce qui en fait l'un des plus grands et des plus élégants du quartier. Il était réservé aux résidents catholiques, alors que les *hofjes* d'origine étaient

J.Peral / age fotostock

Édifice Art nouveau EHLB.

Anne Frank (1929-1945)

Née en 1929 à Francfort, Anne est la seconde fille d'Otto et Edith Frank. En décembre 1933, la famille s'installe à Amsterdam tout comme 25 000 juifs allemands. Le jour de ses 13 ans, elle reçoit un journal de son père qui, à la suite des premières rafles menées contre les Juifs en février 1941, installe sa famille au n° 263 du Prinsengracht, dans la « maison de derrière », une annexe de sa société commerciale. Grâce à la solidarité d'amis commence une longue période de clandestinité, en compagnie entre autres de la famille Van Pels et de leur fils Peter. Durant 25 mois, Anne se confie à l'intimité de son journal, y consignant le quotidien de cette communauté forcée de vivre dans un réduit. Mais en août 1944, à la suite d'une dénonciation, les occupants de la cachette sont arrêtés. Anne mourra du typhus et d'épuisement en mars 1945 à Bergen-Belsen. Unique survivant, Otto Frank fait publier le journal de sa fille qui avait été récupéré par des amies. Édité dans plus de 50 pays, il demeure le témoignage le plus connu concernant le destin des Juifs durant la Seconde Guerre mondiale. Un succès qui tient au style naturel de son auteur, mais aussi à l'étonnante analyse introspective opérée par cette jeune adolescente. Son Journal a été inscrit au Patrimoine documentaire mondial de l'Unesco en 2009.

des institutions protestantes. Charmant jardin fleuri à l'intérieur. Aujourd'hui convertis en logements, les trois **Groenland Pakhuizen** (entrepôts du Groenland – *Keizersgracht 40-44*) surmontés de pignons à redents furent édifiés en 1621 par la Compagnie du Nord, pour stocker l'huile de baleine qui servait à éclairer, à fabriquer du savon ou du goudron, à traiter le cuir, etc.

HUIS MET DE HOOFDEN★

Keizersgracht 123. La **Maison des Têtes**, belle demeure Renaissance de 1622, arbore six têtes sculptées entourées de légendes. Qui représentent-elles ? Les têtes décapitées des anciennes femmes du propriétaire ? Six voleurs assassinés par un domestique zélé ? Ou plus « simplement » des divinités romaines ?

SE RESTAURER

De Bolhoed ... 20
Envy ... 33
Greenwoods ... 30
Stubbe's Haring ... 59
Gollem ... 7
Spanjer & van Twist ... 16
't Smalle ... 22
Twee Zwaantjes ... 23
Exota ... 27
Hester Van Eeghen ... 28
Kitsch Kitchen ... 42
Lanskroon ... 19
Laura Dols ... 30
Marlies Dekkers ... 25
Pompadour ... 20
Puccini Bomboni ... 21
Tulip Museum ... 44
Van Ravenstein ... 29
Van Stapele ... 5

PRENDRE UN VERRE

Bar Oldenhof ... 17
Café De Prins ... 19
De Dokter ... 3
De Pels ... 14

SHOPPING

Cats & Things ... 26
Chocolatl ... 22
De Kaas Kamer ... 18
De Witte Tanden Winkel ... 36

Canaux nord
0
100
200 m
N
Groenland Pakhuizen
Prinsen-
straat
Heren-
straat
Herengracht
Singel
Ronde
Lutherse
Kerk
Nieuwendijk
Multatuli
Museum
Koggestraat
Spuistraat
Voorburgwal
Jacobsstraat
Nieuwezijds Kolk
Anjeliersstraat
Tuinstraat
Anslo's Hofje
Prinsengracht
Keizersgracht
Blauwburgwal
Egelantiersstraat
Egelantiersgracht
Leliegracht
Nieuwe
Leliestraat
Huis met
de Hoofden
De Dolphijn
D.v. Hasselstraat
Kolk
Oudebrugst.
NIEUWE ZIJDE
N. Nieustraat
Anne Frank
Huis
Bâtiment Art nouveau
Oude
Leliestraat
Bloemgracht
Westerkerk
Torensluis
Nieuwezijds
Nicolaasstr.
Nieuwendijk
Beurs
van Berlage
Homo-
monument
Gravenstraat
Bloemstraat
Westermarkt
Magna
Plaza
Eggert
straat
Damrak
Beursstraat
Huis Bartolotti
Nieuwe Kerk
Rozengracht
Spuistraat
Mozes en Äaronstraat
Warmoesstraat
Raadhuisstraat
Koninklijk
Paleis
Dam
Rozenstraat
Nationaal
Monument
Gasthuismolenst.
Paleisstr.
Lauriersstraat
Reestraat
Hartenstraat
Madame Tussaud
Scenerama
Damsstraat
Vrankrijk
Montevideo
Lauriergracht
Singel
Herengracht
Voorburgwal
Rokin
Nes
Prinsenhof
DE NEGEN
STRAATJES
Enge Lombardstraat
St. Agnietenstraat
Elandstraat
Amsterdams
Historisch
Museum
Heilige Stede
J.Jordaan-
plein
Berenstraat
Wolvenstraat
Oude
Spiegelstraat
The Amsterdam
Dungeon
Elandsgracht
Kalverstr.
Huis aan de Drie
Grachten
Houseboat
Museum
Felix Meritis
Grimburgwal
Spuistraat
Nieuwezijds
Begijnhof
Vendel-
str.
Runstraat
Huidenstraat
Heistraat
Spui
Kalverstraat
Allard
Pierson
Museum
Looiersgracht
Cromhouthuizen /
Bijbels Museum
Handboogstraat
Voetboogstraat
Beulingstraat
Singel
Rokin
Passeerdersstr.
Huis Marseille
Molenpad
Spuistraat
Muntplein
Koningspl.
Amstel
Gouden Botch
20
22
23
44
19
16
30
59
21
42
27
28
33
25
30
7
3
19
5
20
14
18
36
29
P
M
T
U

De Multatuli à Max Havelaar

L'écrivain néerlandais Eduard Douwes Dekker (1820-1887) s'est fait connaître sous le pseudonyme Multatuli, en latin « j'ai beaucoup souffert », en référence à ses expériences de fonctionnaire dans les colonies de la Compagnie des Indes orientales. Il est notamment l'auteur du roman « Max Havelaar » (1860), ouvrage à la fois réaliste et romantique dans lequel il prend position contre l'oppression exercée par l'administration coloniale sur les habitants de l'île de Java, en Indonésie. Le héros de son roman a donné son nom à un label du commerce équitable.

Multatuli Museum – Korsjespoortsteeg 20 – (020) 638 19 38 - www.multatuli-museum.nl (en anglais)- mar. 10h-17h, sam.-dim. 12h-17h.

DE DOLPHIJN★

Singel 140-142. La **Maison des Dauphins**, à double pignon à redents, fut construite vers 1600 par Hendrick de Keyser pour le compte de Hendrick Spieghel, auteur de la première grammaire néerlandaise, dont un texte parlait de dauphins.

Construite en 1671, la **Ronde Lutherse Kerk**, dont on aperçoit le dôme cuivré de l'autre côté du Singel, a été aménagée en centre de conférences.

TORENSLUIS

Établi sur une ancienne écluse du Singel, ce large **pont piéton** forme une place bombée, particulièrement agréable par beau temps quand s'y déploient les terrasses des cafés. On profite des bancs proches de la statue de **Multatuli** *(encadré)* pour déguster des chocolats de chez **Puccini Bomboni** *(« Nos adresses » p. 96)*.

HUIS BARTOLOTTI★

Il vous faudra tordre le cou quelques instants pour admirer tous les détails des façades de ces quatre belles maisons du Herengracht, dont l'une (n° 168) présente un **pignon en forme de cou★**, le premier d'Amsterdam (1638). Les nos 170-172 offrent de beaux exemples de ce que l'on appelle la Renaissance hollandaise : une superbe alternance de briques et de pierres combinée à un riche décor. Construite par Hendrick de Keyser vers 1617, sa façade en brique, assez large, surmontée d'un pignon très décoré, est égayée par une multitude d'ornements sculptés en pierre blanche.

DE NEGEN STRAATJES★

(Les Neuf Ruelles)

www.de9straatjes.nl. Au sud du Westermarkt, ce calme quartier commerçant *(« Nos adresses » p. 92)* s'étire sur neuf rues transversales (aux noms d'animaux – souvenir du commerce de peaux d'antan) qui relient les quatre grands canaux. Boutiques et cafés invitent à une douce flânerie et à de sympathiques pauses déjeuner.

HOUSEBOAT MUSEUM

(Musée de la Maison flottante)
Prinsengracht, face au n° 296 - ✆ (020) 420 07 50 - www.houseboatmuseum.nl (en français) - mars-oct. : mar.-dim. 11h-17h ; nov.-fév. : vend.-dim. 11h-17h - 3,75 € (enf. 3 €). Une visite brève, mais instructive, pour découvrir l'aménagement d'une maison flottante, en l'occurrence un ancien bateau à voile industriel, l'*Hendrika Maria* (1914).

FELIX MERITIS

Keizersgracht 324 - www.felix.meritis.nl. Cet imposant bâtiment néo-classique de 1787 abritait la fondation « Heureux par le mérite », destinée à promouvoir les arts et les sciences, suivant l'esprit des Lumières.

CROMHOUTHUIZEN★

(Maisons Cromhout/Bijbels Museum)
Herengracht 366-368 - ✆ (020) 624 24 36 - www.bijbelsmuseum.nl - mar.-sam. 10h-17h, dim. 11h-17h - 8 € (enf. demi-tarif, gratuit -5 ans). Les quatre demeures à pignons à cou, édifiées en 1662 par Philip Vingboons, à la demande de la riche famille de marchands catholiques Cromhout, portent les surnoms de « père et mère » (nos 364 et 366) et de « jumeaux » (nos 368 et 370). Vous découvrirez l'intérieur opulent en visitant le **musée** ayant trait à l'histoire et au rayonnement de la **Bible**. Voyez les plafonds peints par Jacob de Wit, les anciennes cuisines du 17e s. et l'agréable petit jardin à l'arrière. Les amateurs apprécieront la reconstitution du tabernacle (19e s.).

HUIS MARSEILLE

(Maison de Marseille)
Keizersgracht 401 - ✆ (020) 531 89 89 - www.huismarseille.nl (en anglais) - mar.-dim. 11h-18h - fermé 1er janv., 27 avr. et 25 déc. - 8 € (-18 ans gratuit).

Cette demeure (1665) de style classique, construite pour le marchand marseillais Isaac Focquier (1614-1680), présente une pierre de façade arborant un plan de Marseille. Elle abrite le **musée de la Photographie** *(museum voor fotografie)* qui organise d'intéressantes expositions temporaires.

Les canaux sud★★★

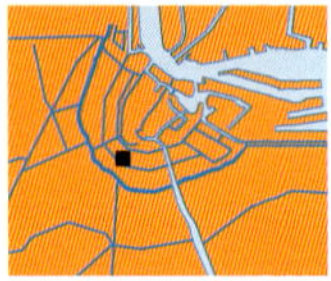

Ancien fief de l'aristocratie, la partie sud de la Ceinture de canaux, qui s'étend entre le Leidsegracht et l'Amstel, se révèle plus cossue que la partie nord, mais aussi plus commerçante et animée. Le cœur de la vie nocturne et culturelle bat ainsi sur les places de Leidseplein et de Rembrandtplein. En allant vers l'Amstel, où s'achève la course des quatre grands canaux, vous prendrez plaisir à détailler les façades ouvragées des hôtels particuliers, les enfilades de charmants petits ponts et les vitrines des antiquaires.

▶ **Accès** : Leidseplein : Tram 1, 2, 5. Vijzelstraat : Tram 16, 24. Rembrandtplein : Tram 4.
Plan du quartier p. 38. Plan détachable C-D 5.
▶ **Conseil** : ne vous privez pas d'une promenade nocturne pour contempler les ponts éclairés (*« Reguliersgracht » et « Magere Brug » p. 40).*

MUNTPLEIN

La **place de la Monnaie** fait office de carrefour animé entre le centre historique et la Ceinture de canaux, entre le Singel et l'Amstel. Piétons, cyclistes et tramways s'y croisent sans cesse, les premiers faisant parfois une halte aux kiosques à poissons. **Munttoren**, la tour de la Monnaie, vestige d'une porte de la première enceinte (1480), la domine de sa flèche baroque ajoutée par Hendrick de Keyser et pourvue d'un carillon. En 1672, pendant la guerre contre la France, on dut y battre monnaie, activité qui lui donna son nom.

BLOEMENMARKT★

(Marché aux fleurs)

Singel - lun.-sam. 9h-17h30, dim. 11h-17h.
Sur ce **marché flottant**, installé le long du Singel depuis 1862, les passants ont l'embarras du choix parmi les innombrables fleurs coupées et bulbes à fleurs. Victimes de leur succès auprès des touristes, les étals se couvrent aussi de sabots, nains de jardin et autres tulipes en bois. Mais les principaux acheteurs de bulbes demeurent les Amstellodamois, amateurs de fleurs devant l'Éternel.

TUSCHINSKI THEATER★

Regulierbreestraat 26-34. Nous vous suggérons ici de vous offrir… une toile, uniquement pour découvrir l'exubérance de la **salle Art déco**★ de cet établissement, où se produisirent autrefois Marlène Dietrich et Édith Piaf (*« Nos adresses » p. 102).* Cet incroyable théâtre, aujourd'hui converti en cinéma, fut fondé en 1921 par Abraham Tuschinski (mort à Auschwitz en 1942) et dessiné par H.L. De Jong. La façade annonce

Bloemenmarkt, le marché aux fleurs flottant

Canaux sud
0
200
400 m
N
Waterlooplein
Stadhuis
Muziektheater
Joods Historisch Museum
Hermitage Amsterdam
Amstelhof
Nieuwe Herengracht
Nieuwe Keizersgracht
Nieuwe Kerkstraat
Theater Carré
Amstel
Blauwbrug
Amstelstraat
Rembrandtplein
Museum Willet-Holthuysen
Magere Brug
Amstelsluizen
Tassenmuseum Hendrikje
Thorbeckeplein
Reguliersgracht
Utrechtsestraat
Kerkstraat
Amstelveld
Amstelkerk
Achtergracht
Frederiksplein
Sarphatistraat
Sarphatikade
Oosteinde
Westeinde
Huide Coppertraat
Falkstraat
N. Witsenstraat
Staalstraat
Allard Pierson Museum
Muntplein
Munttoren
Rokin
Regul. Breestraat
Tuschinski Theater
Reguliersdwarsstraat
Bloemenmarkt
Singel
Spuistraat
Kattenkabinett
Herengracht
FOAM
Keizersgracht
Museum Van Loon
Vijzelstraat
Vijzelgracht
Prinsengracht
Noorderstraat
Nieuwe Looiersstr.
Fokke Simonszstraat
Weteringschans
Den Texstr.
Nicolaas Witsenkade
Singelgracht
Heineken Experience
Stadhouderskade
Hemonylaan
Govert Flinckstraat
2e Jacob van Campenstr.
1e Jacob van Campenstr.
Bolstraat
H.M. van Randwijk-plantsoen
Ruysdaelkade
Hobbemakade
Hobbemastr.
Rijksmuseum
Koningspl.
GOUDEN BOCHT
Spiegelstraat
Nieuwe Spiegelstraat
Weteringstr.
Leidsestraat
Leidsegracht
Leidse-dwarsstraat
Leidsekruisstr.
Kleine-Gartmanplantsoen
Stadsschouwburg
Leidseplein
Lange
Korte
Marnixstr.
American Hotel
Max Euweplein
Molenpad
Raamstraat
Passeerdersstr.
Looiersgracht
Hoogesluis Brug
Vossiusstraat
Hooftstraat
Cornelis
Luijkenstraat
Paulus Pot-

SE RESTAURER	SORTIR	SHOPPING
Beddington's 73	Air 20	Concerto 24
Buffet van Odette 25	Café Bourbon Street 21	Kuyt 23
La Rive 54	Escape 4	Marañon 37
Sluizer 72	Jimmy Woo Club 5	Shirt Shop 32
Tempo Doeloe 61	Melkweg 6	The Frozen Fontain 33
Wagamama 63	Paradiso 7	YDU 31
	Tuschinski Theater 9	
PRENDRE UN VERRE		
Café américain 18		
De Zotte 15		

la couleur avec ses tourelles et son ornementation « en écailles ». Il est possible d'admirer le formidable foyer : débauche de lustres et de vitraux Art déco, ainsi qu'un somptueux tapis de laine filé à Marrakech.

La rue parallèle de **Reguliersdwars-straat**, bordée de bars et de clubs, constitue le cœur de l'Amsterdam gay.

REMBRANDTPLEIN

Vaste ensemble aéré et lieu phare de la **vie nocturne** amstellodamoise, Rembrandtplein rassemble nombre de grandes brasseries, de bars et clubs aux devantures tapageuses. Promeneurs diurnes et noctambules auront une vision fort différente de l'endroit – charmant ensemble de terrasses ombragées pour les premiers, débauche de néons quasi tokyoïte pour les seconds. La statue de Rembrandt (1852) veille sur ce monde effervescent qui porte son nom depuis 1876. Rembrandtplein se prolonge avec la petite place voisine de **Thorbeckeplein** (ancien marché au beurre) dominée par la statue de Johan Thorbecke (1798-1872), 1er rédacteur de la Constitution de 1848.

BLAUWBRUG

Le pont Bleu fut construit à l'occasion de l'Exposition internationale de 1883. Cette imitation du pont Alexandre III à Paris offre de belles vues et rejoint Waterlooplein.

TASSENMUSEUM HENDRIJKE

(Musée du Sac)

Herengracht 573 - ✆ (020) 524 64 52 - www.tassenmuseum.nl (en anglais) - 10h-17h - fermé 1er janv., 27 avr. et 25 déc. - 9,50 € (gratuit -12 ans). Ce musée, riche de 3500 pièces, vous propose de découvrir toutes sortes de sacs et porte-monnaie, fort anciens ou futuristes. La visite de la demeure classique datant du Siècle d'or est un autre atout des lieux.

MUSEUM WILLET-HOLTHUYSEN★

Herengracht 605 - ✆ (020) 523 18 22 - www.willetholthuysen.

nl - lun.-vend. 10h-17h, w.-end et j. fériés 11h-17h - 8 € (enf. demi-tarif, gratuit -5 ans). Cette maison patricienne, construite entre 1685 et 1690, conserve une belle suite de pièces élégamment meublées. Le visiteur se trouve ici transporté dans le quotidien des riches marchands amstellodamois. Des collections de céramique, verrerie et orfèvrerie ainsi que des peintures sont exposées dans la cuisine (notez la vaste cheminée ornée de carreaux de faïence), le **salon bleu★** où les hommes jouaient aux cartes sous un plafond peint par Jacob de Wit, la salle de bal richement décorée, la salle à manger et le cabinet de collections. Le **jardin★** a été réaménagé selon les plans d'origine du Français Daniel Marot.

MAGERE BRUG★

(Pont Maigre)

Ce pont en bois à double bascule (17e s.) qui enjambe l'Amstel compose une carte postale romantique lorsqu'il est illuminé le soir en été. Son nom, référence à son étroitesse d'origine, est aussi celui... de l'architecte.

En amont, les écluses en bois d'**Amstelsluizen** datent du 18e s. et renouvellent l'eau des canaux d'Amsterdam deux à quatre fois par semaine. Le grand bâtiment voisin est le **théâtre Carré** (Koninklijk Theater Carré) datant de 1887.

REGULIERSGRACHT★

Ce charmant canal creusé en 1664 s'étire au sud de Rembrandtplein et de Thorbeckeplein, coupant à travers la Ceinture de canaux. Il offre une **perspective★★** sur les canaux parmi les plus belles d'Amsterdam. Ainsi, depuis le pont à la hauteur de la Kerkstraat, vous contemplez une enfilade des sept ponts éclairés de mille ampoules le soir venu.

Amstelkerk – *Amstelveld 10.* Dressée au milieu du vaste « champ de l'Amstel », cette église protestante de 1669 surprend par sa structure en bois blanc qui évoque une grande ferme. Alors qu'elle fut imaginée pour une utilisation temporaire, le sanctuaire en pierre qui devait la remplacer ne vit jamais le jour.

La seconde vie des églises

*Suite à la baisse de la population du centre-ville (construction des banlieues en 1920-1930) et au phénomène plus récent de laïcisation, les églises se sont retrouvées en surnombre. Pour éviter de détruire les sanctuaires, des associations ont essayé de trouver des acquéreurs prêts à conserver l'extérieur des bâtiments en l'état. Plusieurs ont été convertis en bureaux, galeries d'exposition (**Nieuwe Kerk, p. 20**), salles de concerts (Ronde Lutherse Kerk), restaurants (Amstelkerk), etc. L'exemple le plus connu demeurant la salle de concert* ***Paradiso*** *(**« Nos adresses » p. 102**), lieu culte des nuits amstellodamoises depuis 1968. Ce phénomène s'est étendu à tout le pays, et des agences immobilières se sont même spécialisées dans ce « recyclage ». L'Église, qui en tire quelques revenus, veille néanmoins à ce que l'utilisation des lieux ne soit pas trop « déplacée ».*

B. Gardel / hemis.fr

Magere Brug.

MUSEUM VAN LOON★

Keizersgracht 672-674 - ✆ (020) 624 52 55 - www.museumvanloon.nl - tlj sf mar. 11h-17h - 8 € (enf. demi-tarif, gratuit -6 ans). Édifié en 1671 par Adriaan Dortsman et modifié plusieurs fois depuis, ce bel **hôtel particulier** fut entre autres habité par le peintre portraitiste Ferdinand Bol, l'un des plus célèbres élèves de Rembrandt. Notez en façade les statues de Mars, Minerve, Vulcain et Cérès pour symboliser les activités commerciales (l'armement, la ferronnerie et les céréales) du commanditaire de l'édifice, le riche négociant Jeremias van Raey. La cage d'escalier, ornée de stucs, possède une **belle rampe**★ (entrelacs de cuivre) datant de la seconde moitié du 18e s. C'est à la famille Van Loon, cofondatrice de la Compagnie des Indes orientales et propriétaire depuis 1884, que l'on doit l'aménagement du musée. L'intérieur raffiné conserve une riche collection de porcelaine et de nombreux tableaux, notamment *Les Quatre Âges ou la Vie et les cinq sens* de Jan Miense Molenaer (v. 1610-1668) dans le salon (fumoir) Rouge. Au fond du **jardin**★ à la française, véritable parc miniature, voyez la petite remise à carrosses *(koetshuis)* de style néoclassique.

FOAM★

(Musée de la Photographie)

Keizersgracht 609 - ✆ (020) 551 65 00 - www.foam.org (en

anglais) - 10h-18h (jeu.-vend. 21h) - 9,50 € (gratuit -12 ans).
Abrité derrière la façade dépouillée de cette maison double, construite en 1670, ce musée accueille de superbes expositions temporaires aux thèmes variés (mode, nature, architecture). Les œuvres de talents confirmés et de jeunes artistes locaux s'y côtoient.

GOUDEN BOCHT★

(La Courbe d'or)

Il s'agit de la partie du Herengracht (et ses alentours) qui s'étire entre Leidsestraat et Vijzelstraat. Les quais y sont bordés de vastes demeures solennelles qui constituaient le quartier opulent de l'Amsterdam du **Siècle d'or** (17e s.). Ici résidait l'élite de la société, qui pouvait se permettre de faire construire des « maisons doubles ». Plus larges que ceux des maisons de canaux habituelles, les frontons s'aplanissent et adoptent le style classique tout en conservant leur exubérance décorative. Les pignons sont abandonnés au profit des corniches et des frontons. Un double escalier donne accès à l'étage noble, celui où l'on recevait les hôtes et qui possédait les plus hauts plafonds. La plupart de ces hôtels sont aujourd'hui occupés par des institutions, des banques ou des consulats et l'on doit se contenter de détailler les façades – un plaisir dont il ne faut pas se priver ! Voyez ainsi la riche décoration du **n° 475★**, attribuée à l'architecte français Daniel Marot (1663-1752), ou les pilastres corinthiens du **n° 476★**. Quel contraste avec, à l'angle de la Vijzelstraat, le colossal immeuble de l'ancienne NHM (Compagnie néerlandaise du commerce), bâti en 1923 dans un habit de briques et de granit !
Pour vous faire une idée des intérieurs fastueux des demeures du quartier, visitez les musées Van Loon (*p. 41*) ou Willet-Holthuysen (*p. 40*).
L'une des rares maisons de la Courbe d'or accessibles au public, le **Kattenkabinet** (Cabinet des Chats – *Herengracht 497 - ☎ (020) 626 90 40 - www.kattenkabinet.nl (en anglais) - lun.-vend. 10h-17h, w.-end et j. fériés 12h-17h - 6 €, enf. demi-tarif, gratuit -4 ans*) contient une aimable collection d'objets (et des expositions temporaires) évoquant le fascinant félin.

SPIEGELKWARTIER

Ce quartier correspond au canal **Spiegelgracht** et à la rue **Nieuwe Spiegelstraat**, perpendiculaire à la Ceinture de canaux. Depuis la fin du 19e s., il est devenu le fief des antiquaires, brocanteurs et galeristes, pour le plus grand bonheur des chineurs.

LEIDSEPLEIN ET ENVIRONS

La place la plus animée de la ville (de jour comme de nuit), autour de laquelle abondent les cafés, clubs, restaurants et théâtres, est bordée au sud par le canal Leidsegracht (1664) qui marque la limite entre les deux phases de construction de la Ceinture de canaux.
Leidsestraat – Rue piétonne et commerçante qui rejoint le centre.

Au nº 34 se dresse l'élégant bâtiment (1891) du magasin Metz & Co, d'où l'on jouit d'une splendide vue sur les alentours.

Stadsschouwburg (Théâtre municipal) – *Leidseplein 26*. Cet édifice néo-Renaissance de 1894 a toujours été une importante figure de la vie culturelle locale. C'est aussi de son balcon que les joueurs de l'Ajax fêtent la victoire.

American Hotel – *Leidseplein 28*. Institution amstellodamoise par excellence, cet édifice, achevé en 1902 par Willem Kromhout (1864-1940), offre un remarquable amalgame d'Art nouveau et d'école d'Amsterdam. Sa haute silhouette cache le somptueux décor Art déco du Café américain (vitraux, lustres Tiffany, *p. 90*).

Max Euweplein – Enserrée dans un complexe de boutiques et de bars branchés, cette place doit son nom à Max Euwe (1901-1981), champion d'échecs néerlandais des années 1930. Un échiquier grandeur nature y attire son lot d'amateurs. Non loin de là, sur Weteringschans, les nuits s'animent au **Paradiso**, célébrissime salle de concerts aménagée en 1968 dans une ancienne église (*« Nos adresses » p. 102*).

La Ceinture de canaux

En 1586, la municipalité décida de la construction d'une ceinture de canaux concentriques (Grachtengordel) autour du centre historique devenu trop étroit. Un travail herculéen ! En premier lieu, le Singel déjà existant, et dédié au transport de marchandises, fut élargi. Puis furent creusés le Herengracht (1586-1609), le Keizersgracht (1612) et le Prinsengracht (1612), des canaux larges de 25 m. Sur le premier, le canal des Seigneurs, vinrent s'installer les marchands aisés dont les maisons rivalisent de richesses. La vente des prestigieux terrains, en parcelles plus larges qu'à l'accoutumée, finança en partie les travaux de percement. Le second, le canal de l'Empereur, fut baptisé en l'honneur de Maximilien Ier qui avait autorisé la ville à porter ses armes en 1489. Ses nombreuses maisons flottantes en font aujourd'hui l'un des plus beaux canaux de la ville. Le troisième, le canal des Princes, fait référence à Guillaume le Taciturne. Les anciens entrepôts et la proximité du Jordaan lui donnent un air plus intime. La Ceinture de canaux fut prolongée jusqu'à l'Amstel en 1665. La ville repoussa à nouveau ses limites tout en doublant de volume !

À savoir : la numérotation de ces quatre canaux commence à partir du nord et remonte vers l'Amstel.

Jordaan★★

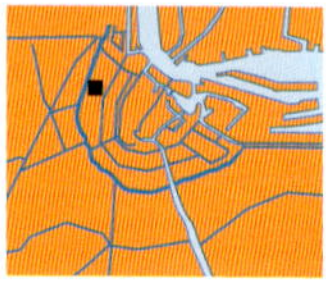

Excroissance logique du percement des quatre canaux centraux, le Jordaan (du français « jardin »), construit à partir du 17e s., était le quartier de la classe populaire et le théâtre de nombre de frondes. Réhabilité durant la seconde moitié du 20e s., il forme aujourd'hui un adorable damier de ruelles (d'anciens canaux comblés) et de canaux aux noms de fleurs. Son atmosphère et son âme éternellement populaire ont attiré les étudiants et les bobos. Et le charme opère instantanément sur les visiteurs qui s'attardent dans les hofjes, les jolies boutiques, les cafés animés et les épiceries colorées. Le tout sous le regard curieux des chats du quartier qui font le guet aux fenêtres.

▶ **Accès** : Jordaan : Tram 13, 14, 17. Haarlemmerbuurt : Bus 18, 22.

Plan du quartier p. 47. Plan détachable B2-3, C1-2.

▶ **Conseil** : le samedi matin, profitez du marché bio de la place Noordemarkt.

BLOEMGRACHT★

Le paisible « **canal des Fleurs** » a échappé à l'assèchement que connurent nombre de ses voisins. Ses quais, où étaient établis les fabricants de peinture, ont conservé ses belles et harmonieuses demeures ornées de **pierres de façade** que vous prendrez plaisir à détailler (*p. 48*). Les trois maisons à pignons à redents des nos 87 à 91 arborent ainsi un fermier, un paysan et un marin. Voir aussi le pélican du no 19, la licorne du no 23, la truite du no 34 ou le semeur du no 77.
Le canal comblé de **Rozengracht**, un peu plus au sud, est un axe animé qui divise le quartier en deux. Au no 184 se dresse la demeure où Rembrandt, ruiné, passa les ultimes années de sa vie.
Au sud de Rozengracht, visitez les galeries d'un beau marché d'antiquités, De Looier (*« Nos adresses » p. 98*).

EGELANTIERSGRACHT★

Ce petit canal arboré et bordé de belles demeures des 17e et 18e s. a su garder son charme typique. Il est devenu une adresse recherchée et n'est plus guère peuplé par les ouvriers qui animaient jadis ses quais. Des embarcations chatoyantes ajoutent une touche de couleur à cette paisible carte postale. Ne vous privez pas d'une halte à la terrasse idyllique du café brun **'t Smalle** (*« Nos adresses » p. 90*). Et prenez le temps de pénétrer dans le **Sint-Andrieshofje** (nos 107-141 - *lun.-vend. 10h-18h*), au couloir d'accès tapissé de faïence de Delft et aux portes penchées, et dans les trois courettes de l'**Anslo's Hofje** (1616 – *Egelantiersstraat 28-50*).

Egelantiersgracht

SE RESTAURER
Bordewijk 24
Café-Restaurant Amsterdam 79
Dwars 74
Eetcafé Roserijn 32
Lof 48
Small World 55

PRENDRE UN VERRE
De Blaffende Vis 20
Papeneiland 21
Winkel 43 24

SORTIR
Westergasfabriek 14

SHOPPING
Boerenmarkt 38
Papabubble 41

KARTHUYZER HOFJE

Karthuyzerstraat 89-171. Aménagé en 1650 par l'architecte municipal Daniël Stalpaert, le charmant enclos des Chartreux est le plus grand *hofje* d'Amsterdam. Construit à l'emplacement d'un ancien monastère de chartreux, il était réservé aux veuves à qui l'on distribuait de la nourriture et de la tourbe. Il est doté d'une façade de 70 m et de deux jardins sous les arbres.
À quelques pas de là, l'adorable **Suyckerhoff Hofje** de 1670 *(Lindengracht 149-163)* s'avère fleuri et colonisé par des chats sympathiques.

NOORDERMARKT

Située au bord du canal Prinsengracht, cette agréable place bordée de cafés est dominée par la **Noorderkerk** (église du Nord). Construite en 1623 par Hendrick de Keyser, architecte de deux grands autres édifices cardinaux amstellodamois (*« Westerkerk », p. 30 et « Zuiderkerk », p. 63*), il s'agit de l'une des églises protestantes les plus anciennes de la ville. Grâce à son plan centré en forme de croix grecque, les fidèles pouvaient entendre intelligiblement le prêche énoncé depuis la chaire centrale. Les jours de marché, l'église disparaît

La révolte de l'Anguille

Comblé à la fin du 19e s., le Lindengracht (le « canal des Tilleuls ») garde le souvenir de la révolte de l'Anguille (Palingoproer), qui éclata lors de la fête populaire dite « du Tir à l'anguille » (Palingtrekken). Le jeu consistait à saisir une anguille frottée au savon pour la rendre plus glissante et attachée vivante à une corde, que l'on tendait au-dessus du canal. En équilibre sur leurs barques, les hommes finissaient bien souvent à l'eau, sous les rires du public. Considérée comme cruelle, cette pratique avait été interdite quelques années auparavant, mais la population par essence rebelle du Jordaan n'en avait cure. Le 25 juillet 1886, la police s'interposa. Un policier coupa la corde et l'anguille vint frapper le visage d'un participant, ce qui déchaîna la colère des habitants. Les festivités dégénérèrent en émeute, qui fit vingt-cinq victimes.

Jordaan et Westerdok
0
150
300 m
N
Volkstuinenpark
Haparanda-weg
Archangelweg
Stavangerweg
Gevleweg
Wijk in Ontwikkeling
Spaarndammerdijk
Zaanhof
Polanenhof
Oostzaanstr.
Zaanstraat
Hembrugstraat
Tasmanstraat
Oude Houthaven
Silodam
HET IJ
SPAARNDAMMERBUURT
Spaarndammerplantsoen
Nova
Zemblastraat
Van Diemenstraat
Museum Het Schip
WESTERDOK
Roggeveenstraat
Barentsz-plein
Wormerveerstraat
Polanenstraat
Spaarndammerstraat
Le Mairegr.
Houtmankade
V. Noordtkade
Van Noordtgr.
Barentszstraat
Zoutkeetsgracht
Zandhoek
Westerdoksdijk
Realeneiland
Vierwindenstr.
Realen-pl.
Realengr.
Zaanstraat
WESTERPARK
Westerkanaal
Planciusstraat
Prinseneilandsgr.
Drieharingenbrug
Westelijke Eilanden
Westerpark
Gosschalklaan
Westergasfabriek
Pazzanistraat
Haarlemmervaart
Galgenstr.
Polonceaukade
Haarlemmerweg
Haarlemmerpoort
Prinsen-eiland
Bickersgracht
Bickersstraat
Westerdok
Westerdoksdijk
Watertorenplein
Joan Melchior Kemperstraat
Haarlemmer-plein
Haarlemmer Houttuinen
Hollandse Tuin
IJ Dock
Van Hoop-
der
Van Limburg Stirumpl.
Waterpoort-weg
Van Hallstraat
De Wittenkade
Nassaukade
Marnixstraat
Vinkenstraat
Haarlemmerdijk
Nieuwe
Ruijterkade
Hogendorp-
V. Boetzelaerstr.
Beuningen-straat
Kostverloren-vaart
Raepenhofje
Brouwersgracht
HAARLEMMERBUURT
Westerdok
Van
De Kempenaer-straat
Bosse-
Eerste Keuchenius-str.
Jacob Catskade
Kattenslnot
Jacob Catskade
Palmdwarsstraat
Haarlem-merstraat
Sporthal
Willem de Zwijger-laan
Westelijk Marktkanaal
Vander Palmkade
Fagelstraat
Goudsbloemstraat
Lijnbaansgracht
Lindengracht
Noorderkerk
Suyckerhoff Hofje
Lindenstraat
Noorder-markt
Brouwersgracht
Frederick Hendrick-Plantsoen
Kostverloren
Boomstraat
Karthuyzer Hofje
Westerstraat
JORDAAN
Donker
Visseringstraat
Singelgracht
Van Oldenbarne-veldtpl.
Prinsengracht
Prinsenstraat
Keizersgracht
Herengracht
Multatuli-Museum
Centrale Markthallen
Buyskade
Anjeliersstraat
Tuin
Herenstraat
Anslo's Hofje
Singel
Spuistr.
Hogerbeetsstraat
Egelantiersstraat
Huis met de Hoofden
Nieuwezijds
Egelantiersgracht
De Dolphijn
Gillis van Ledenberchstr.
Rombout
Hendrik
Oldenbarne-veldtstr.
1e Hugo de Grootstr.
Nieuwe Leliestraat
Leliegracht
Torensluis
Jan van Galenstraat
1e Bloemdwarsstraat
Anne Frank Huis
Nicolaasstr.
Westerkerk
2e Hugo de Grootstr.
2e Marnix-plantsoen
Huis Bartolotti
Magna Plaza
Nieuwe Kerk
Marcantilaan
Bloemgracht
Drie Hendricken
Westermarkt
Mozes en Aäron-str.
Van Reigersbergenstr.
Van Houweningen
Frederik
Kostverloren-vaart
Kor. van Lut
Bloemstraat
Rozengracht
Raadhuisstraat
Spuistraat
Koninklijk Paleis
Dam
Damrak

presque derrière les stands colorés. Ne manquez pas **Boerenmarkt** (*« Nos adresses » p. 98)*, marché de produits biologiques où s'empilent les meules géantes de délicieux fromages de ferme.

BROUWERSGRACHT★★

(Canal des Brasseurs)

Ce canal paisible doit son nom aux brasseries qui jalonnaient autrefois ses quais. Les habitants du Jordaan buvaient, dit-on, en moyenne 250 litres de bière par an et par personne, une boisson qui revenait en effet souvent moins cher que l'eau. Le canal mérite un détour pour ses magnifiques **entrepôts** restaurés, dont les lourds volets colorés se reflètent dans l'eau au milieu des péniches et des maisons flottantes. Certains portent glorieusement les armes de la ville ou sont baptisés du nom de cités lointaines (Dantzig, Spitsbergen), souvenirs des difficiles expéditions maritimes des navigateurs locaux. Voyez les n°s 118, 172 et 212, particulièrement remarquables, tout comme la superbe perspective depuis le petit pont Oranjebrug. À l'angle du Brouwersgracht et du Prinsengracht, remarquez la splendide maison à double pignon à redents, qui abrite le café **Papeneiland** (*p. 90)*.
Enfin, sur **Palmgracht**, ne manquez pas le **Raepenhofje**, l'un des plus petits *hofje* de la ville repérable grâce à sa pierre de façade représentant un radis.

HAARLEMMERBUURT

Ce quartier commerçant, qui sépare le Jordaan des Westerdok (*p. 50)*, se situe de part et d'autre de **Haarlemmerstraat** (l'ancienne route de Haarlem) et son prolongement **Haarlemmerdijk**. Populaire dès

Hofjes et pierres de façade

*Repérables aux multiples numéros attribués à leur entrée unique, les **hofjes** sont d'anciens hospices donnant leur nom aux ensembles architecturaux qui les entourent. Suite à la Réforme de 1578, l'Église ne pouvait s'occuper davantage de loger les démunis. Le relais fut assuré par de riches citoyens ou des associations protestantes qui firent construire ces hospices consistant en de petites maisons organisées autour d'une cour. Le Jordaan en compta une centaine et ceux qui subsistent sont devenus des havres de paix aux jardins soignés. Lorsque vous y pénétrez (lun.-sam. 10h-17h), respectez la tranquillité de ces lieux habités.*
*Les **pierres de façade**, petites enseignes de pierre (gevelsteen), permettaient d'identifier les habitations avant l'introduction des numéros par les Français au 18e s. Les représentations en relief qui les ornent symbolisaient souvent la profession du propriétaire ou l'emblème de la famille. On en compte encore plus de 600 à Amsterdam (dont une bonne partie dans le Jordaan), un bestiaire et une galerie de métiers que vous vous ferez un plaisir de détailler. L'exercice ayant été remis au goût du jour, vous repérerez des versions modernes parfois très imaginatives.*

J.Arnold / hemis.fr

Entrepôt réhabilité dans le Jordaan.

le 18e s., la rue est aujourd'hui animée par d'originales boutiques de mode et d'excellents traiteurs, pâtissiers et confiseurs (*« Nos adresses » p. 98*). Malgre les attraits commerçants de ces rues, n'oubliez pas de lever de temps en temps les yeux. Voyez ainsi la **West-Indisch Huis** de 1617 *(Haarlemmerstraat 75)*, ancien siège de la Compagnie des Indes occidentales, dont le nom reste lié à l'origine de la fondation de La Nouvelle-Amsterdam, future New York, comme en témoigne, dans la cour intérieure, la statue de Pieter Stuyvesant (1612-1672). Notez aussi le décor marin de la façade du n° 39 de la Haarlemmerdijk, axe qui s'achève par la porte monumentale néoclassique d'**Haarlemmerpoort**, construite en 1840 lors du couronnement du roi Guillaume II.

Westerdok et Noord

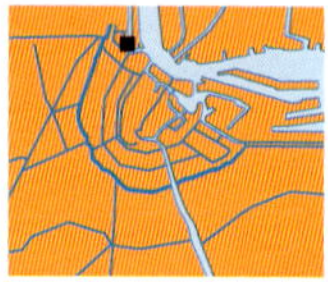

(Docks de l'Ouest et la rive nord de l'IJ)

Ancienne zone ouvrière et industrielle en cours de reconversion, le périmètre des docks de l'Ouest a préservé le charme authentique de la vocation maritime séculaire d'Amsterdam. Des anciens entrepôts du 17e s. aux dernières tendances en matière de logement et de loisirs, partez à la rencontre d'une zone délaissée par les touristes. Passionnés de patrimoine architectural et de reconversion industrielle, ne passez surtout pas votre chemin ! Et pourquoi ne pas poursuivre l'exploration sur la rive nord de l'IJ (Noord), qui débute elle aussi sa mue : musée du Film très photogénique, docks transformés, sentiers...

▶ **Accès** : Westelijke Eilanden, Westergasfabriek : BUS 18, 22. Het Schip : BUS 122. EYE (dir. Buiksloterwegveer) et NDSM accessibles en ferry gratuit depuis la gare.

Plan du quartier p. 47. Plan détachable B-C1 et hors plan.

▶ **Conseils** : le quartier se visite idéalement à bicyclette.

WESTERGASFABRIEK

Haarlemmerweg 8-10. Les remarquables bâtiments en brique de cette ancienne usine à gaz (1883) ont été transformés en un espace culturel multiforme. Bars, restaurants, cinéma, galeries ont investi les murs et de nombreux événements y sont régulièrement organisés *(« Nos adresses » p. 103).* Autour, les pelouses du **Westerpark** invitent à la détente.

WESTELIJKE EILANDEN★

(Îles de l'Ouest)

Ces petites îles artificielles, situées juste au nord d'Haarlemmerbuurt, furent aménagées à partir du 17e s. pour recevoir diverses activités portuaires. Isolées de la ville par la ligne ferroviaire, elles se transforment peu à peu en zones résidentielles. S'y côtoient immeubles modernes, maisons flottantes, ateliers et édifices du Siècle d'or, reliés par d'adorables ponts. **Prinseneiland** possède un bel ensemble d'entrepôts rénovés. **Realeneiland** jouit d'une vraie ambiance portuaire avec ses embarcations en tous genres et son ancien marché au sable bordé de demeures des 17e et 18e s. La digue artificielle de **Silodam** (19e s.) qui s'avance dans l'IJ accueillait de grands silos à grains aujourd'hui convertis en habitations. S'y ajoute un édifice résidentiel, aux allures de bateau container multicolore (2000). En juin, les ateliers d'artistes font portes ouvertes *(www.oawe.nl).*

Plus proche de la gare, le **IJ Dock** a vu pousser des immeubles aux formes, matériaux et couleurs variés autour du nouveau et spectaculaire palais de justice (2013).

MUSEUM HET SCHIP★

À l'angle de la Zandstraat et de la Oostzandstraat - ✆ (020) 418 28 85 - www.hetschip.nl - mar.-dim. 11h-17h - 7,50 € (gratuit -12 ans).
Création phare de l'**école d'Amsterdam**, « le Bateau » (1921) est l'œuvre de Michel De Klerk (1884-1923). Cet immeuble, entouré de divers types de logements, montre des courbes animées et une flèche expressionniste (tel un cigare) remarquable. Non loin, le complexe de **Zaanhof** (1919) se caractérise par son style néomédiéval et son espace vert central.

NOORD

Longtemps ignorée des touristes, la rive nord de l'IJ, où l'on implantait ce qu'on ne voulait pas voir ailleurs (industrie, quartiers populaires), se fait chaque année plus attirante. Dans cette zone, qui est en train de réécrire son histoire avec énergie et inventivité, l'on organise des festivals aussi surprenants que variés.
L'œil du visiteur qui arrive à Centraal Station est désormais attiré par le... **EYE★★**, le nouveau musée du Cinéma *(IJpromenade 1 - accès gratuit en ferry depuis la gare, dir. Buiksloterwegveer - ✆ (020) 589 14 00 - www.eyefilm.nl - musée 10h-18h; cinéma 10h-23h).* Impossible d'ignorer la silhouette volontaire de ce bâtiment tout blanc, au design d'origami, édifié sur l'autre rive par le cabinet autrichien Delugan Meissl. Il abrite des expositions temporaires, des espaces interactifs et éducatifs, un cinéma où l'on projette des films d'auteurs et un très agréable café aménagé en tribune avec vue sur la rivière et la ville (*« Nos adresses » p. 91*).
Au côté de l'EYE, se dressent les 22 étages de l'ancienne tour Shell, rebaptisée **A'Dam Toren** *(www.adamtoren.nl)*. Transformée, elle devrait ouvrir en 2015 et accueillir des bureaux, des lieux de création musicale, des clubs et un espace panoramique ouvert 24h/24.
Un peu plus à l'ouest, le **NDSM-Werf** ***Hors-plan***, un chantier naval fermé en 1984, est en voie de reconversion. On y accoste *(ferry gratuit depuis la gare, dir. NDSM)* entre un vieux sous-marin russe, un bateau de Greenpeace, des logements-containers et divers hangars qui abritent des bureaux, des lieux de création, de restauration (dont la IJ Kantine) et d'événements. Voyez le longiligne **Het Kraanspoor**, une ancienne structure industrielle longue de 270 m sur laquelle l'architecte Trude Hooykaas a posé des appartements transparents!
Demandez à l'office de tourisme la documentation sur les sites à visiter du Noord (zones villageoises ou rurales, architecture, patrimoine industriel...), qui combleront les plus curieux. À explorer de préférence à vélo.

Le quartier des musées★★★

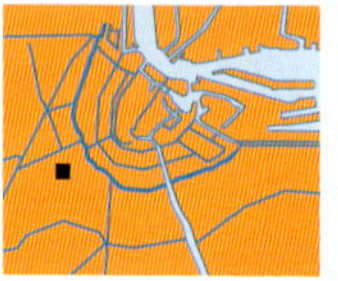

La Museumplein, ou esplanade des musées, rassemble autour d'un vaste espace gazonné les trois plus grands musées d'art de la ville : le Rijksmuseum, le musée Van Gogh et le Stedelijk Museum. Vous ferez la queue avec des touristes du monde entier pour admirer* La Laitière *de Vermeer,* La Ronde de nuit *de Rembrandt ou* Les Tournesols *de Van Gogh. Pour se remettre de ces émotions artistiques, rien de tel qu'une balade romantique le long des fraîches allées du Vondelpark, le poumon vert du centre-ville.

▶ **Accès** : Tram 2 et 5 à partir du centre-ville.

***Plan du quartier** p. 54-55. **Plan détachable** A-B-C 6.*

▶ **Conseil** : pensez à acheter vos billets à l'avance sur le site Internet du musée ou auprès du bureau AUB (*p. 100*).

RIJKSMUSEUM★★★

Jan Luijkenstraat 1 - (020) 674 70 00 - www.rijksmuseum.nl - 9h-17h - 15 € (gratuit -18 ans), audioguide 5 €.

Après des années de travaux, le Rijksmuseum s'est refait une beauté. La visite débute sous les belles verrières des deux cours centrales. On se laisse ensuite porter par la très claire répartition chronologique des œuvres (peinture, sculpture, arts décoratifs), parmi lesquelles les fameux **400 chefs-d'œuvre du Siècle d'or★★★** et le fonds des **Estampes★★** (plus d'un million de dessins et gravures du 15e s. à nos jours).

Histoire du musée – Créée par les Français à La Haye en 1798, la première collection du Rijksmuseum est transférée à Amsterdam en 1808 par Louis Bonaparte, frère de Napoléon Ier, qui y adjoint la célèbre *Ronde de nuit* de Rembrandt. La collection est d'abord hébergée dans le Palais royal puis dans la Trippenhuis, avant que Pierre Cuypers (1827-1921) n'entreprenne, de 1875 à 1885, l'édification de l'imposant bâtiment néogothique actuel.

Rez-de-chaussée – 1100-1600 et collections spéciales. L'Art chrétien du Moyen-Age est représenté notamment par la **Vierge de l'Humilité** de Fra Angelico (1440) et les réalisations de l'Atelier de Geertgen tot Sint-Jans. Notez l'étonnante Perle de prière du début du 16e s. Une salle raconte la hiérarchisation de l'autorité à travers des objets de prestige (chaînes de guildes en argent, statuettes en bronze du tombeau d'Isabelle de Bourbon). La Renaissance aux Pays-Bas est illustrée par des huiles sur panneau de J.C. van Oostsanen et de Van Scorel. Diverses collections occupent les

amsterdam

N
Postjesweg
Wetering
Postjeskade
Stuyvesantstraat
Baarsjesweg
Kostverlorenvaart
Tweede Kostverlorenkade
Kinkerstraat
Borger-
straat
Jacob van Lennepstr.
Jacob van Lennepkade
Pieter
Kanaalstraat
Wilhelminastraat
Brederodestraat
Heijestraat
Eerste Helmers-straat
Helmers-
Tweede Constantijn Huygens-straat
le Constantijn
Tweede
Eerste
Helmersstraat
Overtoom
Huygensstraat
Vondelkerk
Hollandsche Manege
Vondelstraat
Roemer Visscher straat
Vossiusstr.
Derde Kostverlorenkade
Kattenlaan
Anslostr.
Zocherstr.
Vondelpark
OUD-ZUID
Pieter
Van Eeghenstraat
weg
Wanning straat
Jacob Obrechtstr.
Van Eeghenstraat
Willemspark-
Van Breestraat
Palestrinas
Koningslaan
Nassau-
lann
Emmastraat
Cornelis Schuytstraat
Velhulststraat
De Lairessestraat
Prins Hendriklaan
weg
Valeriusstraat
Johannes
Nicolaas
Frans
Koninginne-
De Lairessestraat
J.J. Viottastraat
Valerius-plein
Loman-straat
Jan van Goyenkade
Reijnier
Noorder
Cornelis Krusemanstraat
Amstelkanaal
Witsenstraat
Breitnerstr.
Pieter Lastmankade
Noorder
Apollo-
laan
Olympiakade
Olympiaweg
Olympia-plein
Titiaanstraat
Michelangelostr.
Minervalaan
Rubensstraat
Jan van Eijckstra
Albr. Dürerstr.
Gerrit van der Veenstr.
Raphaël-plein
26
SE RESTAURER
Bazar 19
De Taart van m'n tante 17
Le Garage 34
Yamazato et Ciel Bleu 66
PRENDRE UN VERRE
Brouwerij Troost 27
't Blauwe Theehuis 26
SHOPPING
Blue Blood 48
De Kinderfeestwinkel 50
Hutspot 49
Sjerpetine 47
SORTIR
Concertgebouw 15
De Badcuyp 10
CoBrA museum

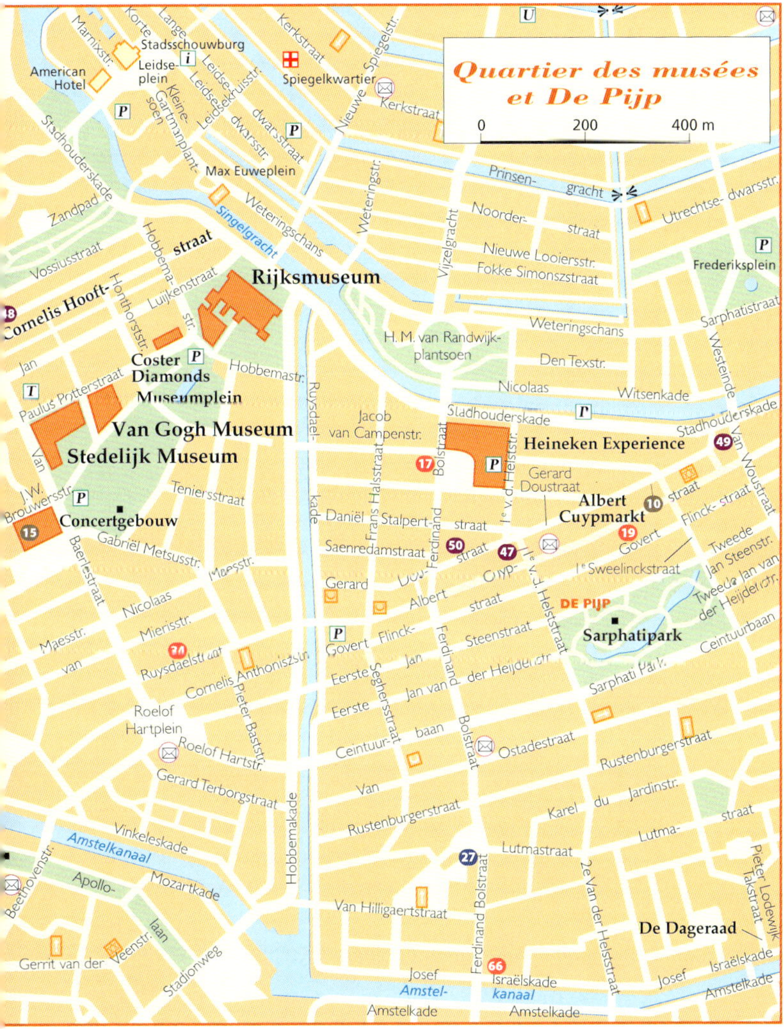
Quartier des musées et De Pijp
0
200
400 m
Rijksmuseum
Van Gogh Museum
Stedelijk Museum
Museumplein
Coster Diamonds
Concertgebouw
Heineken Experience
Albert Cuypmarkt
DE PIJP
Sarphatipark
De Dageraad
Stadsschouwburg
American Hotel
Leidseplein
Spiegelkwartier
Max Euweplein
Singelgracht
Prinsengracht
Weteringschans
H. M. van Randwijkplantsoen
Frederiksplein
Amstelkanaal
Stadhouderskade
Hobbemakade
Ruysdaelkade
Amstelkade
Israëlskade

autres salles du rez-de-chaussée. Ainsi les importantes sections **sculpture et arts décoratifs★★★** (nombreux objets du 15e au 20e s., **faïences de Delft★★**, armes...). Un pavillon annexe est consacré à l'**art asiatique★** (500 objets provenant du sous-continent indien, du Cambodge, de l'Indonésie, du Japon et de la Chine).

Premier étage – 1700-1800 et 1800-1900. La première période est celle de la montée en puissance de la bourgeoisie marchande (mobilier rococo), du développement de l'art de la cour (mobilier, animaux en porcelaine) et des colonies néerlandaises (pagode en porcelaine et les remarquables **Cinq fonctionnaires de la cour javanaise★**).

Les tableaux de peintres néerlandais des 18e et 19e s. suivent l'évolution des styles en vogue : le romantisme (P. G. van Os), l'historicisme, les paysages de l'école de La Haye (J. Maris) et l'impressionnisme (Breitner et Van Gogh).

Deuxième étage – 1600-1700. Parce que les perles du musée y sont concentrées, notamment dans la Galerie d'honneur (Rembrandt, Vermeer, Steen, Hals), les plus pressés d'entre vous s'y précipiteront.

Le début du 17e s. voit le développement des différents genres : portraits, natures mortes, paysages, etc. Ne manquez pas l'exquis **Paysage d'hiver avec patineurs★** (v. 1609) d'Hendrick Avercamp, composé d'une foule de personnages miniatures. Parmi les œuvres du célèbre portraitiste Frans Hals (*p. 134*), remarquez la représentation particulièrement vivante du **Joyeux Buveur★** (1628-1630). Voyez aussi le **Portrait d'une fillette en bleu★** (1641), de Jan Cornelisz Verspronck (1597-1662), qui, malgré son jeune âge, est vêtue à la manière d'une adulte. Admirez les perspectives rigoureuses de l'**Intérieur de l'église St-Bavon à Haarlem★** (1637) de Pieter Saenredam, spécialiste de la peinture d'architecture.

Les toiles de **Rembrandt** (et de ses élèves) font ralentir le pas des visiteurs : scènes bibliques, portraits, paysages. Sa vie durant, le maître s'est également raconté à travers des autoportraits, parmi lesquels l'**Autoportrait de jeunesse★★** (v. 1628) et l'**Autoportrait en apôtre Paul★★** (1661). **Le Syndic des drapiers★★** (1662), où les personnages fixent le spectateur, compte parmi les meilleurs portraits de groupe de l'artiste. Autre grande vedette du musée, **La Fiancée juive★★★** (1667) présente une scène empreinte de tendresse et d'intimité.

Parmi les **grands paysagistes** du Siècle d'or, Jacob van Ruisdael impose son talent, dont la **Vue de Haarlem★★** (v. 1670) est un exemple éloquent.

Quatre des trente tableaux de **Johannes Vermeer** parvenus jusqu'à nous sont exposés. Le peintre « de la vie silencieuse » s'est consacré, durant toute son existence, à la scène de genre située en intérieur. Ses œuvres sont dépourvues de récit, ses protagonistes absorbées par leur occupation. Cet état propre à la figure centrale du tableau est relayé par un traitement exceptionnel de la lumière, une grande subtilité dans le rapport des couleurs et une attention aux détails. **La Laitière★★★** (v. 1658) est peinte avec tant de vérité que l'on s'attend à entendre couler le lait. **La Femme en bleu lisant une lettre★★★** (v. 1662-1663) frissonne d'émotion alors qu'elle ne laisse rien transparaître de ses sentiments. Enfin, entrevue par une porte ouverte, la scène intimiste de **La Lettre d'amour★★** (v. 1669-1670) rappelle les compositions de Pieter De Hooch. Voyez la sélection des œuvres de **Jan Steen** (1626-1679), le grand maître de la peinture de genre, connu pour ses scènes de fête et de taverne, comiques et un rien débauchées. Voici enfin **La Ronde de nuit★★★** (1642), l'œuvre phare de Rembrandt, un formidable portrait de milice bourgeoise, aux personnages représentés en action. Il fut caché dans des grottes près de Maastricht pendant la Seconde Guerre mondiale. Cet étage compte deux salles fort appréciées des enfants. On y verra l'énorme maquette du navire *William Rex* (1698), symbole de la prospérité marchande des Pays-Bas au 17e s. Et de superbes maisons de poupée (passe-temps des femmes du 17e s.) aux meubles et ustensiles lilliputiens. Certaines de ces maisons coûtaient le prix d'une demeure réelle!

Troisième étage – 20e s. Les bouleversements du siècle dernier aux Pays-Bas sont évoqués à travers le mobilier de Michel de Klerk (de l'école d'Amsterdam), des robes d'Yves St Laurent s'inspirant de Piet Mondrian ou encore les tableaux de Karel Appel du groupe CoBrA.

MUSÉE VAN GOGH★★★

Paulus Potterstraat 7 - ✆ (020) 570 52 00 - www.vangoghmuseum.nl - 9h-18h (vend. 22h), attention éventuels changements d'horaires en hiver - 15 € (gratuit -17 ans), audioguide 5 €. Pensez à acheter vos billets à l'avance sur le site Internet du musée ou auprès du bureau AUB. Nocturne le vendredi aussi pour les expositions temporaires.

Fin 2015 l'entrée au musée se fera par un nouveau pavillon, dessiné par le cabinet japonais Kisho Kurokawa, situé côté Museumplein. C'est là que seront organisées les expositions temporaires tandis que le bâtiment actuel, exclusivement dédié à Van Gogh, présentera une collection élargie.

La plus importante collection d'œuvres de **Vincent van Gogh** (1853-1890) attire quotidiennement des hordes de visiteurs du monde entier. Aux 7 carnets de croquis, 200 tableaux, 580 dessins et 750 lettres manuscrites s'ajoutent des œuvres d'artistes qui influencèrent le peintre ou qui s'inspirèrent de son travail : Toulouse-Lautrec, Gauguin, Monet et Redon. Édifié par Gerrit Rietveld (1973), ce musée cubique et lumineux expose par roulement dessins et manuscrits, au côté de la superbe collection permanente retraçant le parcours de l'artiste : des sombres toiles du début aux violentes tonalités des dernières années, des Pays-Bas à Auvers-sur-Oise (en passant par Paris, Arles et St-Rémy-de-Provence). Après avoir peint les paysans de son pays natal (**Mangeurs de pommes de terre★**), Van Gogh s'établit à Montmartre et découvre les impressionnistes. De cette période, notez ses **autoportraits★★** ou la magnifique **Nature morte avec coings et citrons★★**. Inspiré par la lumière arlésienne, il réalise en 1888 **Semeur★★★**, **Bateaux de pêche sur la plage de Saintes-Maries-de-la-Mer★★** et **Les Tournesols★★**. Les troubles psychologiques, l'angoisse et le désespoir qui rongent l'artiste se ressentent dans les tableaux marquants des deux dernières années de sa vie (1889-1890) : **Les Iris★★** ou **Champs de blé aux corbeaux★★★**.

STEDELIJK MUSEUM★★★

(Musée d'Art moderne et contemporain)
Museumplein 10 - ✆ (020) 573 29 11 - www.stedelijk.nl (en anglais) - 10h-18h (jeu. 22h) - 15 € (demi-tarif 13-18 ans, gratuit -18 ans).

La « baignoire », tel est le surnom pour désigner la spectaculaire extension du musée inaugurée en 2012 ! Cette structure moderne d'une blancheur éclatante a été apposée à la façade de brique néo-Renaissance du bâtiment d'origine (1895) devant laquelle se dresse la sculpture monumentale en acier de Richard Serra. L'espace d'exposition repensé par les architectes Benthem Crouwel met en valeur l'extraordinaire fonds permanent (plus de 90 000 objets d'art ou du design), qui couvre la **période de 1850 à nos jours** : peintures, sculptures, dessins, affiches, photographies, installations.

Rez-de-chaussée – avant 1950-1960. On peut y voir les impressionnistes (Cézanne, Monet, Bonnard, Van Gogh), Chagall (*L'Autoportrait aux sept doigts* - 1912 ; *Le Violoniste* - 1912), James Ensor et son coloré *Carnaval en Flandres* (1929), Kandinsky (*Deux entourages* - 1934), Malevitch, les compositions de Piet Mondrian, Picasso (*Femme assise au chapeau en forme de poisson* - 1942) et le mouvement CoBrA (Corneille, Karel Appel). La collection comprend également des bijoux, céramique, mobilier, textiles et autres objets réalisés par de grands noms de l'architecture ou du design. Ne manquez pas la Harrenstein Bedroom (1926) de Gerrit Rietveld.

Premier étage – Après 1960. Modernisme d'après-guerre 1950-1980, postmodernisme, pop-art… On y pénètre via l'escalier central dont les murs servent de support à un jeu de cercles et de barres de néons fluo signé Dan Flavin (1986). De salle en salle, voyez le *Wall Drawing* multicolore de Sol LeWitt, **Roy Lichtenstein** (*As I opened fire* - 1964), les tableaux de

CoBrA Museum (hors plan)

Sandbergplein 1, quartier Amstelveen - Tram 5 à partir du quartier des musées, arrêt Binnenhof, M arrêt Amstelveen Centrum - ✆ (020) 547 50 50 - www.cobra-museum.nl - 10h-17h - fermé 1er janv., 27 avr. et 25 déc. - 9,50 € (gratuit -6 ans). Les formes géométriques de ce bâtiment lumineux (Wim Quist - 1995) abritent les collections CoBrA. Situé ***tout au sud de l'agglomération****, ce musée rend hommage au mouvement expérimental (****Copenhague, Bruxelles, Amsterdam****), qui rompit avec l'académisme artistique de l'après-guerre.*

L'extension du Stedelijk Museum, la fameuse « baignoire », réalisée par Benthem Crouwel.

Willem de Kooning ou encore *Martha*, un portrait de l'épouse de Sigmund Freud par l'artiste sud-africaine Marlene Dumas (1984). Enfin… partagez un verre entre amis dans *The Beanery* (1965) de Edward Kienholz. Le sous-sol et la « baignoire » accueillent des expositions temporaires d'envergure, fréquemment renouvelées (Jeff Wall, Marcel Wanders, l'avant-garde russe, Marlene Dumas ont ainsi été mis à l'honneur).

VONDELPARK

(Parc Vondel)

Créé en 1864 par D.J. Zocher, ce vaste jardin à l'anglaise de 48 ha faisait partie de la ceinture verte voulue à l'époque. L'agglomération ne manque pas aujourd'hui de poumons verts, mais Vondelpark, qui doit son nom à un célèbre poète du Siècle d'or, demeure l'un des plus prisés. De beaux arbres (120 espèces), des pelouses, une roseraie et des étangs sinueux forment un ensemble apprécié des promeneurs, des cyclistes et des adeptes de roller. De superbes édifices et demeures bordent les rues alentour. Voyez le **Hollandsche Manege** *(Vondelstraat 140 - 10h-17h - 6 €)*, manège équestre (1882) de A.L. van Gendt, décoré de stuc et de fer forgé, ou encore la **Vondelkerk** *(Vondelstraat 120)*, sanctuaire néogothique de 1880. Le « café-soucoupe-volante », **'t Blauwe Theehuis** (*« Nos adresses » p. 91*), est la vigie du parc.

De Pijp

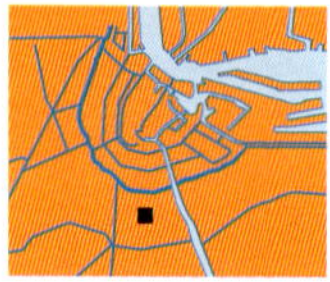

Au sud du centre-ville, à l'est des grands musées, De Pijp se développa à partir de 1870 pour loger les ouvriers. Cette île trapézoïdale, reliée au reste de la cité par 16 ponts, doit, dit-on, son nom particulier (« la pipe ») à ses rues jadis longues et étroites (des canaux comblés). C'est un quartier animé jalonné de nombreux cafés, restaurants et magasins. Découvrez en flânant ce monde sympathique où se côtoient des artistes, des étudiants et des habitants de nombreuses nationalités (Surinamiens, Turcs, Indonésiens, Maghrébins...).

▶ **Accès** : depuis le Dam, Tram 16 et 24 ; pour De Dageraad, également Tram 4, 12, 25. En 2017, une nouvelle ligne de métro devrait desservir le quartier.

Plan du quartier p. 54-55. Plan détachable C6, D6-8.

▶ **Conseil** : le samedi est de loin le meilleur jour pour parcourir le marché coloré Albert-Cuyp.

HEINEKEN EXPERIENCE

(Brasserie Heineken)

Stadhouderskade 78 - (020) 523 92 22 - www.heinekenexperience.com - lun.-jeu. 11h-19h30, sam.-dim. 10h30-21h (juil.-août tlj 10h30-21h) - 18 €, 16 € pour un billet acheté sur Internet (12-17 ans 12,50 €).

Datant de 1864, la brasserie Heineken a cessé de fonctionner en 1988. Depuis, l'imposant bâtiment de brique (1934) a été reconverti en attraction touristique. La visite guidée (en anglais) se révèle fort ludique bien que très commerciale.

ALBERT CUYPMARKT★

(Marché Albert-Cuyp)

Lun.-sam. - 9h30-17h (plus tôt l'hiver si la météo est trop mauvaise).

Ce marché pittoresque et multiculturel, baptisé du nom d'un peintre paysagiste du 17e s., se tient depuis 1904 sur Albert Cuypstraat. Il affiche fièrement sa double couronne de plus grand marché de la ville et plus long d'Europe. On y vend absolument de tout ! Découvrez-le de préférence le samedi pour plus d'animation et de stands culinaires. Et à mi-chemin, offrez-vous une pause colorée au **Bazar** (*« Nos adresses » p. 85*). Une balade sympathique pour s'imprégner de l'atmosphère du quartier et se familiariser avec le drapeau du Surinam ou les pâtisseries marocaines.

Le tout proche **Sarphatipark**, créé à la fin du 19e s., est un espace vert particulièrement agréable envahi au moindre rayon de soleil...

DE DAGERAAD★

Le **quartier ouvrier** de « l'Aube » s'organise autour de Pieter Lodewijk Takstraat. C'est un ensemble de 350 maisons construites entre 1919

R. Eritja / age fotostock

Heineken Experience (Brasserie Heineken).

et 1922 par Michel De Klerk et Piet L. Kramer pour la coopérative des ouvriers socialistes du diamant. Avec ses formes insolites, ses détails décoratifs inventifs, ses toits ondulés en tuiles orange et murs de briques beiges aux lignes courbes, cet ensemble de bâtiments tous différents constitue l'une des principales œuvres de l'**école d'Amsterdam**.

Des visites du quartier sont organisées par le Museum Het Schip. *Voir p. 51.*

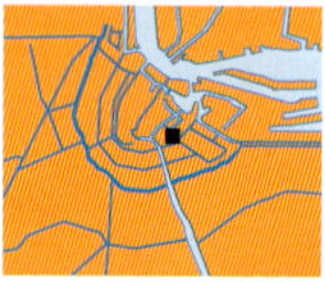

Jodenbuurt★

(Le quartier juif)

Du vieux quartier juif, qui s'étendait autrefois de Waterlooplein jusqu'au Nieuwmarkt, ne restent que quelques souvenirs. Ces rues où Rembrandt a croisé la plupart de ses modèles furent en effet détruites pendant et après la Seconde Guerre mondiale. Aujourd'hui livré aux automobiles, dépourvu de constructions anciennes mais animé par un vaste marché aux puces, Jodenbuurt conserve toutefois quelques lieux incontournables qui évoquent Rembrandt, le passé juif et la prospérité d'antan.

Accès : tous les sites sont à quelques pas de la station M Waterlooplein.
Plan du quartier p. 65. Plan détachable D4-5, E4.
Conseils : la venteuse Waterlooplein étant souvent triste et vide le dimanche, préférez les autres jours de la semaine pour la parcourir.

WATERLOOPLEIN

Le côté sud de cette vaste place, où se tient chaque jour le marché animé de **Waterloomarkt** (*lun.-sam. 9h-17h* - meubles et vêtements d'occasion, bijoux ethniques, tissus...), est fermé par l'imposante silhouette d'un double édifice controversé. Surnommé **Stopera** (« stop à l'opéra »), ce complexe de 1987 conçu par l'architecte autrichien Wilhelm Holzbauer et par le Néerlandais Cees Dam abrite le **Muziektheater** et le **Stadhuis** (hôtel de ville). Son édification, au sein d'une ville jusqu'alors très préservée, a suscité une vive polémique menée par les Provos. Le théâtre est le siège de l'Opéra national et de la Compagnie nationale de ballet.
Dans le passage entre les deux parties du bâtiment, vous trouverez le **NAP** *(Normaal Amsterdams Peil)*, soit le « Niveau normal d'Amsterdam », par rapport auquel sont calculées les altitudes des Pays-Bas. L'ensemble est matérialisé par trois colonnes de verre remplies d'eau et un schéma des Pays-Bas en coupe transversale.
À l'angle sud-ouest de l'hôtel de ville, un monument rappelle la résistance des civils juifs durant la Seconde Guerre mondiale.
La **Mozes en Aäron Kerk**, église néoclassique Moïse-et-Aaron (1837-1841), s'élève à l'est de la place. Elle fut construite à l'emplacement de deux maisons juives, ce qui explique son nom étonnant pour un sanctuaire catholique.
Au sud du Stadhuis, le **Blauwbrug** (*p. 39*) permet de rejoindre le quartier de la Ceinture de canaux.

AU NORD DE WATERLOOPLEIN

Une rapide promenade vous mènera à l'extrémité sud du Oudeschans (*p. 70*), marquée par le charmant

A. Leiva / age fotostock

L'atelier de Rembrandt.

petit café brun **De Sluyswacht** (*« Nos adresses » p. 91*). Un petit écart par la Sint-Antoniesbreestraat vous mènera à la **Zuiderkerk** (église du Sud) achevée en 1611 d'après un projet d'Hendrick de Keyser et dominée par un **clocher★** de 70 m. Non loin *(Sint-Antoniesbreestraat 69)*, la façade italianisante de la **Pintohuis** (1680) se démarque franchement. Repérable à sa haute cheminée en brique, **Gassan Diamonds** (*« Nos adresses » p. 99*) est une taillerie de diamants fondée en 1879 par les frères Boas. Cette industrie est introduite à Amsterdam à la fin du 16e s. par les juifs séfarades. Au 19e s., la ville devient la capitale mondiale du diamant grâce aux gisements des colonies sud-africaines. Anvers et sa fiscalité plus avantageuse lui ravit le titre dans les années 1930.

REMBRANDTHUIS★★

(Maison de Rembrandt)

Jodenbreestraat 4 - ✆ (020) 520 04 00 - www.rembrandthuis.nl - 10h-18h - fermé 1er janv. - 12,50 € (-18 ans 4 €, gratuit -6 ans).

En 1639 et pour 13 000 florins, Rembrandt (*p. 132*) achète cette demeure de 1606, aujourd'hui cernée par les édifices modernes. Il y habite et travaille assidûment jusqu'en 1658, date à laquelle ses créanciers la vendent aux enchères. Ruiné, le peintre terminera sa vie dans le

SE RESTAURER	PRENDRE UN VERRE	SORTIR
De Cantine ... 28	Bloem 36 ... 28	Arena ... 16
Elkaar ... 77	Brouwerij't IJ ... 29	Bimhuis ... 18
Fifteen ... 75	De Sluyswacht ... 30	Het Muziektheater (Stopera) ... 11
Greetje ... 35		Koninklijk Theater Carré ... 12
Koffiehuis van den Volksbond ... 47	**SHOPPING**	Muziekgebouwaan't IJ ... 17
L'Orangerie ... 49	Gassan Diamonds ... 52	
La Place ... 50	Waterloopleinmark ... 51	
Soup en Zo ... 56		

Jordaan. Grâce à l'inventaire dressé lors des enchères, l'intérieur de la maison a été fidèlement reconstitué. Un escalier en colimaçon dessert le salon de réception où le peintre recevait ses clients, la *Kunst Caemer* (Cabinet d'art), d'où il tirait son inspiration, la cuisine ou encore l'atelier où il initiait ses élèves aux techniques de l'eau-forte et du clair-obscur. Dans la nouvelle aile du musée, les quelque 290 **gravures** exposées par roulement montrent le talent exceptionnel de Rembrandt.

JOODS HISTORISCH MUSEUM★

Nieuwe Amstelstraat 1 - ✆ (020) 531 03 10 - www.jhm.nl - 11h-17h - fermé fêtes juives - 12 € (enf. tarif réduit, gratuit -6 ans), le tarif comprend la visite de la Synagogue portugaise, voir p. 66. Le **Musée historique juif** occupe depuis 1987 quatre synagogues ashkénazes. La Grande Synagogue a été réalisée par Daniel Stalpaert en 1671. À cet édifice, devenu trop petit, se sont ajoutées successivement la Seconde (Obbene,

Brève histoire du Jodenbuurt

Le quartier se développa dès le 16e s. avec l'arrivée de familles séfarades qui fuyaient l'Inquisition. À la suite de l'Union d'Utrecht et de la chute d'Anvers en 1585, Amsterdam vit débarquer un nouveau flot de réfugiés, rejoints dans les années 1630 par les communautés ashkénazes d'Europe centrale. En 1795-1796, les Juifs obtinrent enfin l'égalité des droits et au début du 19e s., le Jodenbuurt était l'un des quartiers les plus denses de la cité, l'un des plus commerçants aussi, peuplé de libraires, de marchands, de tailleurs de diamants. Dans les années 1930, suite à l'arrivée d'Hitler au pouvoir, des Juifs allemands vinrent grossir la communauté locale qui passa ainsi de 60 000 à 110 000 personnes. Malgré la résistance des Néerlandais, les Juifs des Pays-Bas subirent les persécutions nazies et furent déportés dans les camps de concentration. À la libération en 1945, on ne comptait plus que 5 000 survivants...

Jodenbuurt, Plantage et Oosterdok
0
200
400 m
N
HET IJ
IJHAVEN
IJHAVEN
Sumatrakade
Sumatrakade
Java-eiland
Javakade
KNSM-Eiland
Jan Schaeferbrug
Muziekgebouw aan't IJ/ Bimhuis
17
18
Passenger Terminal Amsterdam
Veemkade
Veemkade
Jollemanhof
75
Veembroederhof
Piet Heinkade
Piet Heinkade
28
Centraal Station
Stationsplein
Centraalstation
De Ruijterkade
Openbaare Bibliotheek Amsterdam
50
Oosterdokskade
Dijksgracht
Dijksgracht
Prins
SintNicolaaskerk
Schreierstoren
Zeedijk
Geldersekade
Kromme W.
Oosterdoksk
Scheepvaarthuis
Hendrikkade
NEMO
OOSTERDOK
Marine Etablissement
Marinierskade
He Hua Temple
Waals-eilandsgracht
Binnenkant
De Appel
Museum Haven Amsterdam
Amsterdam
Het Scheepvaartmuseum
Oosterdok
ARCAM
Kattenburgerstraat
Kattenburgerkade
Kattenburgergracht
Wittenburgerkade
Wittenburgergracht
Wittenburgervaart
Wittenburgerstraat
Kleine Wittenburgerstraat
Grote
Waaigat
Nieuwmarkt
Montelbaanstoren
35
Rapenburg
Prins Hendrikkade
Nieuwevaart
Hoogte
Laagte Kadijk
Kadijk
Nieuwe Vaart
28
47
Oostenburgervaart
Oostenburgervoorstr.
Oostenburgergracht
Conradstraat
Blankenstr.
Zuiderkerk
Oudeschans
Gassan Diamonds
30
52
Uilenburgergracht
Valkenburgerstraat
Rapenburgerstraat
Nieuwe Herengracht
56
51
Rembrandthuis
Stadhuis
11
Muziektheater
Waterlooplein
Muiderstr.
De Burcht/ Vakbondsmuseum
Verzetsmuseum
Museum Werf 't Kromhout
Entrepotdok
Entrepotdok
Hoogte Kadijk
Cruquiuskade
Molen De Gooyer
Funenkade
29
Lozingsk
Zeeburgerstr.
Amstel
Joods Historisch Museum
Portugees-Israëlitische Synagoge
Hortus Botanicus
49
Plantage Parklaan
H. Polaklaan
Plantage Kerklaan
PLANTAGE
Zoo Artis
Plantage Doklaan
Hollandsche Schouwburg
Plantage Middenlaan
Sarphatistraat
Mauritskade
Pontanus
Hermitage Amsterdam
Amstelhof
Weesperstraat
Kerkstraat
Nieuwe Prinsengracht
Roetersstr.
Plantage Muidergracht
Zeesenstraat
Von Commelinstraat
Wagenaarstraat
Dapperstraat
Magere Brug
Nieuwe Achtergracht
Pancrasstr.
Valckenierstr.
Sarphatistraat
77
Tropenmuseum
Dapperplein
12
Theater Carré
Nieuwe
Kerkstraat
Prinsengr.
Utrechtsedwarsstr.
Frederiksplein
Amstelsluizen
Weesperplein
Valckenierstraat
Spinozahof
Singelgracht
Mauritskade
16
Linnaeusstraat
Reinwardtstr.
Wijttenbachstr.
Domselaerstr.
Amstel
Hogesluis Brug
Sarphatistr.
Weesperstr.
Spinozastr.
Mauritskade
Boerhaaveplein
s' Gravesandestraat
Oosterpark
s' Gravesandeplein
Camperstraat
Oosterparkstr.
Oosterpark
Oosterparkstraat
Vrolikstraat
Populierenweg

1685), la Troisième (Dritt, 1700) et la Nouvelle Synagogue (Nieuwe Synagoge, 1752), reconnaissable à ses colonnes ioniques et à sa coupole. Dans la **Grande Synagogue★**, où est conservée une arche (1671) en marbre, plusieurs thèmes religieux tels que l'année juive et ses fêtes sont développés à l'aide d'objets cultuels et cérémoniels. Remarquez aussi, à l'entrée, le **mikveh★** qui servait aux bains rituels. Les galeries et les salles de la Nouvelle Synagogue sont consacrées à l'histoire des Juifs aux Pays-Bas de 1600 à nos jours. Vous y découvrirez la vie de la communauté au gré des changements de régime, les activités commerciales, les personnalités marquantes comme le philosophe **Spinoza** (1632-1677) et le drame de la Seconde Guerre mondiale. Un **musée pour les enfants** a été aménagé dans la Seconde Synagogue, présentant la religion juive à travers la reconstitution d'un intérieur familial.

PORTUGEES-ISRAËLITISCHE SYNAGOGE (ESNOGA) ★

(Synagogue portugaise-israëlite)
M. Visserplein 3 - avr.-oct. : dim.-jeu. 10h-17h, vend. 10h-16h ; nov.-mars. : dim.-jeu. 10h-16h, vend. 10h-14h - fermé sam. et fêtes juives - voir Joods Historisch Museum pour le ticket d'entrée.

Construit en 1675 par Elias Bouman pour le culte des trois congrégations de Juifs portugais qui venaient de fusionner, ce sanctuaire de brique rouge domine Mr. Visserplein de toute sa rectitude. Comme en témoigne le tableau d'Emmanuel de Witte, visible au Rijksmuseum (*p. 52*), l'intérieur est resté tel qu'au 17e s. (sans électricité ni chauffage), avec ses larges voûtes en berceau, ses hautes colonnes, son arche sainte en bois de Jacaranda et ses lustres hérissés de bougies. Remarquez l'absence de rideau *(parokhet)*, inconnu dans la tradition juive hispano-portugaise. Esnoga possède une des principales bibliothèques judaïques du monde, **Ets Haim** *(accès sur RV)*. Derrière la synagogue, la statue **Dokwerker**, par Mari Andriessen, commémore la grève des dockers, protestant contre la déportation des Juifs d'Amsterdam, le 25 février 1941.

HERMITAGE AMSTERDAM★

Amstel 51 - ✆ (020) 530 74 88 - www.hermitage.nl - 10h-17h durant les expositions, merc. jusqu'à 20h - fermé 1er janv., 27 avr. et 25 déc. - 15 € (6-16 ans 5 € ; -5 ans gratuit).

Au bord de l'Amstel, dans un ancien hospice du 17e s. rénové, cette antenne du musée de l'Ermitage de St-Pétersbourg organise chaque année deux grandes expositions temporaires présentant des pièces issues des collections réunies par Pierre le Grand et son épouse, Catherine Ire.

Plantage★

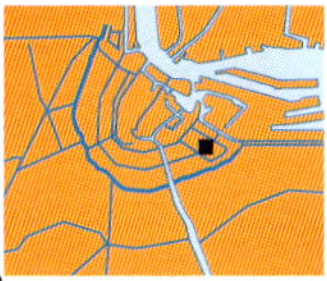

Urbanisé à la fin du 19e s. et aujourd'hui résidentiel, le Plantage doit son nom d'origine française à la place accordée aux espaces verts : parcs, jardins botanique et zoologique. Longtemps habité par une population bourgeoise, issue notamment de la communauté juive amstellodamoise, ce quartier aéré offre aux visiteurs la possibilité de voyager à travers le temps et l'espace, grâce à ses lieux de visite variés et passionnants.

▶ **Accès** : Tram 9 et 14 à partir du centre historique et Tram 10 à partir de Leidseplein.
Plan du quartier p. 65. Plan détachable E4, F4-5.
▶ **Conseil** : un jour de pluie est idéal pour « faire le tour du monde » à l'abri du passionnant Tropenmuseum.

HORTUS BOTANICUS

Plantage Middenlaan 2a - ✆ (020) 625 90 21 - www.dehortus.nl - 10h-17h - fermé 1er janv. et 25 déc. - 8,50 € (enf. 4,50 €, gratuit -5 ans). Visite guidée : dim. après-midi, gratuit.
Le **jardin botanique** a été aménagé au 17e s. à la demande des pharmaciens et des médecins d'Amsterdam, qui réclamaient un jardin de plantes médicinales. Grâce aux périples internationaux des bateaux de la Compagnie des Indes, le jardin fut rapidement planté de centaines d'espèces. L'anecdote signale que les premiers plants de café (de l'arabica) qui poussèrent hors d'Afrique ont germé ici.
Aujourd'hui, malgré sa petite taille, le jardin rassemble près de **4 000 plantes**, réparties le long des allées, dans la palmeraie et dans la belle « **Maison des trois climats** ».
En juillet-août, des activités sont organisées dans le jardin : concerts, pièces de théâtre, expositions, visites guidées, etc. Programme sur le site Internet.
Le café-restaurant **L'Orangerie** (*« Nos adresses » p. 85*) est une halte particulièrement agréable.

DE BURCHT/VAKBONDSMUSEUM

(Ancien musée du Syndicalisme)
Henri Polaklaan 9 - ✆ (020) 624 11 66 - www.deburcht.nl - ne se visite plus.
Homme politique et écrivain néerlandais, Henri Polak (1868-1943) fonde en 1894 le syndicat général des travailleurs de diamants (ANDB). Pour construire un siège à la hauteur des ambitions de l'organisation, Polak fait appel à Berlage, connu pour ses idées socialistes (*« Architectures », p. 135*). C'est ainsi que naît, en 1900, un bâtiment qui sera bientôt nommé De Burcht, la « forteresse », en référence à son aspect extérieur évoquant la force et l'unité du syndicat.

L'aménagement intérieur est organisé autour d'une splendide **cage d'escalier★** en brique vernissée, éclairée par une verrière et un remarquable **lustre★** qui préfigurent l'Art déco. Le puits de lumière ainsi formé symbolise l'aspiration de la classe ouvrière à une meilleure société.

VERZETSMUSEUM★

(Musée de la Résistance)
Plantage Kerklaan 61 - ✆ (020) 620 25 35 - www.verzetsmuseum.org - mar.-vend. 10h-17h, sam.-lun. 11h-17h - fermé 1er janv., 27 avr. et 25 déc. - 8 € (-6 ans gratuit).
Ce musée propose un **parcours chronologique et interactif** très bien fait à travers l'histoire de la Résistance aux Pays-Bas de 1940 à 1945. Une visite dense qui s'effectue à travers rues et maisons reconstituées et s'achève par des expositions temporaires.
Outre les horreurs subies au cours de cette période, une large place est consacrée à la vie quotidienne en temps de guerre et aux dilemmes auxquels la population néerlandaise dut faire face : les alertes, la propagande nazie, la résistance, la fabrication de faux documents, etc. Les lettres d'adieu jetées hors des trains par les déportés et les étoiles jaunes rappellent la déportation de plus de 100 000 Juifs. D'autres objets tels que postes de radio de fortune, jeux d'échecs et sapins de Noël fabriqués en prison témoignent de l'ingéniosité humaine dans l'adversité.

HOLLANDSCHE SCHOUWBURG

Plantage Middenlaan 24 - ✆ (020) 531 03 40 - www.hollandscheschouwburg.nl - 11h-17h - fermé fêtes juives - entrée libre. Un monument commémoratif et une petite exposition rappellent que cet ancien théâtre a servi de camp de transit pour les Juifs entre 1942 et 1943.

ZOO ARTIS★

Plantage Kerklaan 38-40 - ✆ 0900 278 47 96 - www.artis.nl - 9h-17h (18h en été) ; nocturne jusqu'à 22h sam. en juin-août - 19,95 € (16,50 € enf., gratuit -3 ans). Heures des repas : rapaces 11h, grands fourmiliers 12h, pélicans 14h, crocodiles 14h30, fauves 15h, pingouins 15h30, otaries 11h30 et 15h45.

Plumes des canaux

À l'origine dépotoirs recueillant les déchets de la ville, les canaux sont maintenant nettoyés quotidiennement par des bateaux spéciaux qui prélèvent chaque année 10 000 vélos et des bateaux coulés ! Les eaux, renouvelées tous les trois jours, sont si peu polluées que l'on y rencontre une faune abondante. Outre diverses espèces de poissons, y vit une grande variété d'oiseaux : canard colvert, bécassine des marais, grèbe huppé ou mouette rieuse. Un millier de perruches vertes, échappées du zoo, se sont également très bien adaptées à cet environnement.
L'aquarium du zoo Artis (voir ci-dessus) compte une section consacrée aux canaux.

Communément appelé Artis, ce zoo créé en 1838 sous le nom Natura Artis Magistra (« la nature, maîtresse de l'art ») est l'un des plus anciens d'Europe. Vous parcourrez ses 14 ha, ses bâtiments néoclassiques et ses installations modernes, à la découverte de centaines d'espèces animales. L'**aquarium★**, un édifice de 1882, mérite une attention particulière avec sa section consacrée aux formes de vie dans les canaux d'Amsterdam (*encadré page précédente*). Le zoo est complété par un **Musée zoologique** (Zoölogisch Museum), un **Musée géologique** (Geologisch Museum) qui raconte la formation de la Terre, ainsi qu'un **planétarium**.
Si vous poursuivez vers le nord en sortant du zoo, vous atteindrez les quais de l'Entrepotdok (*p. 72*).

TROPENMUSEUM★★★

(Musée des Tropiques)

Linnaeusstraat 2 - Tram 9, 10 ou 14, arrêt Alexanderplein - (020) 568 82 00 - www.tropenmuseum.nl - 10h-17h (fermé lun. sf pendant les petites vacances scolaires), 5, 24 et 31 déc. 10h-15h; fermé 1er janv., 27 avr., 5 mai et 25 déc. - 12,50 € (8 €, 4-18 ans, -4 ans gratuit). Café-restaurant avec agréable terrasse donnant sur l'Oosterpark.
Peu visité par les touristes en raison de sa situation excentrée, ce musée compte sans nul doute parmi les plus remarquables de la ville. Il fait partie de l'Institut royal des tropiques, ancien Institut colonial, qui décida en 1926 de glorifier la Couronne néerlandaise en rassemblant les produits et objets provenant de ses colonies.
Ce gigantesque cabinet de curiosités a été depuis repensé afin d'offrir au visiteur une intelligente **rencontre avec les cultures** d'Afrique, d'Asie, du Moyen-Orient, d'Océanie et d'Amérique latine. L'environnement, l'art, la religion et la vie quotidienne y sont évoqués à l'aide de photographies et de documents sonores. L'accent est mis sur la tolérance, le respect de l'environnement, le développement durable et la préservation des cultures. Vous découvrirez ces dernières sous des angles différents, tantôt celui de l'art, tantôt celui de la vie quotidienne ou de la religion. Bar animé du Mexique, pirogues cérémoniales de Nouvelle-Guinée, textiles indonésiens... En bref, un beau voyage dans un musée passionnant et riche en couleurs! L'ensemble est complété par des expositions temporaires, un **théâtre** et un **musée des Enfants** (Kindermuseum).
En sortant du musée, allez vous détendre dans l'**Oosterpark**, à deux pas, ou prenez le temps de flâner sur le marché cosmopolite de **Dappermarkt** *(lun.-sam. 9h-17h)*.

Oosterdok et les îles du Zeeburg★

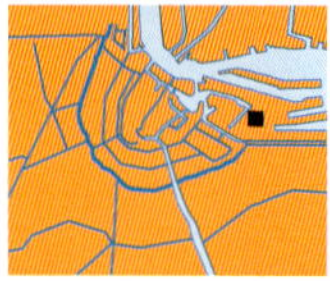

D'Oosterdok (docks de l'Est), bassins historiques d'où partaient les navires de la Compagnie des Indes, aux îles orientales du Zeeburg, devenues le terrain de jeu des architectes, ce vaste quartier portuaire en reconversion, à l'est de Centraal Station, est l'un des plus passionnants de la ville.

▶ **Accès** : Bassin principal : M Centraal Station. Java/KNSM : en bateau depuis la gare ou BUS 42. Oostelijke Handelskade/Bornéo : Tram 26, 10.

Plan du quartier p. 65. Plan détachable E2-3, F3-4, G2-3-4, H2-3.

▶ **Conseils** : louez un vélo pour parcourir les îles orientales, assez éloignées, et faites une halte à l'Arcam qui propose une série d'itinéraires pratiques pour les explorer.

BASSIN PRINCIPAL

Oosterdokskade – Le quai nord du bassin principal a subi une transformation radicale. Non loin de l'inattendue pagode chinoise flottante, s'élève la **bibliothèque centrale** *(OBA – www.oba.nl - 10h-22h)*, la plus grande du pays. La vue est superbe du restaurant **La Place** *(« Nos adresses » p. 86)*.
Plus au nord, au-delà des rails, se dresse la **Muziekgebouw aan't IJ** *(Piet Heinkade 1)*, une vaste salle de concert (2005) couverte d'une structure de verre ultra-moderne et flanquée de la **BIM Huis**, un temple du jazz *(« Nos adresses » p. 103)*.

Prins Hendrikkade – Sur le quai sud bordant le bassin principal du port se dresse la formidable Maison de la navigation, la **Scheepvaarthuis**★ *(Prins Hendrikkade 108)*. Construit en 1916 par J.-M. van der Mey, Michel De Klerk et Piet L. Kramer, ce premier et superbe exemple du style architectural de l'école d'Amsterdam s'est mué en un hôtel de luxe en 2008 *(« Nos adresses » p. 104)*. Les longues trouées de fenêtres superposées tracent sur l'édifice des lignes verticales brisées par les diagonales du dessin du toit. Le décor sculpté convoque sirènes, baleines, vagues et bateaux…

De Appel ★ – *Prins Hendrikkade 142 - (020) 625 56 51 - www.deappel.nl - mar.-sam. 12h-20h, dim. 12h-18h - 7 €.* « La Pomme » est un centre d'art contemporain réputé pour ses expositions temporaires (peinture, vidéo, photographie, design).

Oudeschans★ – Du pont situé au sud de Scheepvaarthuis, on jouit d'une belle perspective sur ce canal creusé en 1510 sur le tracé de la digue St-Antoine, pour assurer la protection des remparts. On fit édifier, en 1512, la **Montelbaanstoren** (tour Montelbaan), qui domine le quartier de sa flèche (1606) ajoutée par Hendrik de Keyser.

© West 8

Le « pont du Serpent » réalisé par West 8 urban design & landscape architecture.

NEMO★

Oosterdok 2 - ✆ (020) 531 32 33 - www.e-nemo.nl - mar.-dim. 10h-17h - tlj durant vac. scol. et juil.-août - fermé 1er janv., 27 avr. et 25 déc. - 15 €, -4 ans gratuit.

Ce bâtiment vert, qui évoque une proue de navire surgissant de l'eau, est dû à l'architecte vedette italien **Renzo Piano**. Interactives et bien faites, les expositions de ce *Science Center* s'adressent aux enfants de 3 à 16 ans qui joueront à Einstein, piloteront un navire ou découvriront les secrets de la génétique. Belle **vue★** sur la ville depuis le toit *(accessible même sans billet pour le musée, mar.-dim. 10h-17h).*

Les bateaux amarrés le long du quai est de NEMO forment le musée à ciel ouvert **Museum Haven Amsterdam** *(www.museumhavenamsterdam.nl).*

ARCAM

Prins Hendrikkade 600 - ✆ (020) 620 48 78 - www.arcam.nl - mar.-sam. 13h-17h. Entrée libre.

Cet insolite édifice de poche drapé de verre et d'aluminium est l'œuvre de René van Zuuk (2003) et abrite le **Centre d'architecture** d'Amsterdam. Outre les expositions qui s'y tiennent, vous y trouverez une excellente documentation sur l'architecture de la ville.

HET SCHEEPVAARTMUSEUM★★

Kattenburgerplein 1 - ✆ (020) 523 22 22 - www.hetscheepvaartmuseum.nl - 9h-17h - fermé 1er janv., 27 avr. et 25 déc. - 15 € (-18 ans demi-tarif, gratuit -5 ans).

Installé dans l'arsenal de l'amirauté (1656), construit sur 18 000 pilotis, le **musée d'Histoire maritime** en impose avec sa cour centrale coiffée d'une impressionnante verrière, que l'on doit à l'ingénieur Laurent Ney (installé à Bruxelles). Le musée nous plonge dans l'histoire de la navigation aux Pays-Bas selon un parcours interactif et pédagogique des plus vivants. De riches collections de maquettes de bateaux, d'instruments nautiques, de peintures, de gravures, de cartes, d'atlas (**Atlas Blaeu★**) et de mappemondes – Amsterdam était le centre mondial de la cartographie au 17e s. – alternent avec des espaces plus ludiques dédiés aux enfants.

Le superbe **trois-mâts Amsterdam★★** *(amarré côté porte Nord)* est une copie du *Batavia*, un navire de commerce du 18e s. de la Compagnie des Indes orientales (VOC) qui coula au large de l'Angleterre en 1749. Cinq années de travail et 400 bénévoles ont été nécessaires pour le faire revivre.

ENTREPOTDOK

Les 84 entrepôts (1708-1829) qui bordent ce canal ont été transformés dans les années 1980 en bureaux, logements sociaux et cafés – un exemple réussi de rénovation urbaine!

Moulin De Gooyer (Molen De Gooyer) – *Funenkade 5*. Ce moulin à farine de 1725, souvent déplacé, compose un cadre agréable pour venir déguster une bière à la brasserie **Brouwerij't IJ** (*« Nos Adresses » p. 91*).

OOSTELIJK HAVENGEBIED★

(Zone portuaire orientale)

Parcourez absolument ce formidable **laboratoire architectural**! Outre les maisons et immeubles aux formes et couleurs inattendues, vous y découvrirez un style de vie enviable, tout en pistes cyclables, jardins, terrasses et baies donnant sur l'eau et les péniches à quai.

Entre 1874 et 1927, des langues de terre artificielles furent créées pour accueillir les grands navires industriels. Abandonnées dans les années 1970, suite au déplacement des activités portuaires vers l'ouest, ces îles et ces digues, appartenant au borough de Zeeburg, ont été reconverties en quartiers résidentiels. Le résultat est époustouflant! Les architectes ont donné libre cours à leurs rêves les plus fous, élevant des mastodontes aux formes insolites, imaginant des variantes de la maison de canal traditionnelle, sculptant dans le béton et dans l'acier de véritables œuvres d'art moderne. Cette nouvelle vitrine d'Amsterdam a pour autre richesse de respecter le principe de mixité sociale, cher à la municipalité.

Java-eiland★ – Cette île étroite est coupée dans sa largeur par quatre petits **canaux★** bordés de maisons dont la hauteur et la largeur imposées forment une version contemporaine des demeures du 17e s. L'ensemble est égayé par les barques multicolores des habitants et par neuf petits ponts signés G. Rombouts et M. Droste. Un remarquable tableau d'art moderne!

KNSM-eiland – KNSM abrite trois méga-complexes résidentiels. Réalisé en 1994 par les Allemands Hans Kollhoff et Christian Rapp, le Piraeus évoque un « dinosaure à la carapace étincelante ». Le complexe **Barcelona★** (1993), du Belge B. Albert, se distingue par sa forme en hémicycle et sa monumentale grille en fer forgé conçue par Narcisse Tordoir. Enfin, l'Emerald Empire, œuvre du Néerlandais Jo Coenen (1996), dresse sa masse à l'extrémité orientale de l'île.

Oostelijke Handelskade – Grâce à ses cafés et lieux de sorties nocturnes comme **Panama** (*« Nos adresses » p. 103*), ce quai est la partie la plus animée de Zeeburg. S'y dresse le monument le plus emblématique de la reconversion du secteur portuaire : l'hôtel design **Lloyd★** (*« Nos adresses » p. 107*), aménagé dans un centre de transit (1918) pour les émigrants européens en partance pour les États-Unis. Non loin, les galeries d'art poussent le long de Veemkade.

Sporenburg et Borneo-eiland – Ces deux petites presqu'îles rassemblent des habitations familiales généralement basses avec terrasse sur le toit ou patio. La première est toutefois marquée par la présence de **The Whale** (1995-2000), un complexe résidentiel conçu par Frits van Dongen. Ses lignes diagonales, qui laissent pénétrer la lumière, dessinent une étrange silhouette de baleine futuriste. Deux remarquables **ponts rouges★**, réalisés en 2001 par le collectif West 8, enjambent le bassin qui sépare les deux presqu'îles. Le plus à l'est, réservé aux piétons, est surnommé **Pythonbrug★** (le « pont du Serpent ») en raison de sa forme ondulante. Notez ses têtes d'aigles particulièrement aérodynamiques. Sur Borneo, ne manquez pas **Scheepstimmermanstraat★** (à voir du côté canal), fruit d'un projet passionnant. En 1999, 60 maisons ont été conçues selon les souhaits de leurs futurs habitants, libres de choisir leur architecte. L'ensemble, finalement uniforme, laisse apparaître de beaux volumes par les larges baies vitrées ouvertes côté canal.

IJBURG

Pour prolonger la promenade à travers l'architecture expérimentale, allez découvrir, encore plus à l'est, les nouveaux quartiers résidentiels des îles artificielles de l'**IJburg,** desservies par le très agréable tram 26 en 15-20mn. Ce district se situe sur plusieurs îles artificielles avec un plan de rues rectangulaire. Quatre des sept îles prévues ont été réalisées et sont déjà densément peuplées. Immeubles à faible consommation d'énergie et maisons flottantes s'y mêlent. Sorti de l'avenue centrale d'IJburglaan, les jardins, plages et canaux ne sont jamais loin. Tout est conçu pour faciliter la circulation à vélo, à pied ou en bateau. Et, comme à Java-eiland, on y décèle une qualité de vie enviable.

Haarlem★★

Quelques minutes suffisent pour rejoindre la capitale historique du comté de Hollande. Fondée au 10e s. (donc plus ancienne qu'Amsterdam) et jadis grande cité des arts, la ville vit aujourd'hui de la culture de ces fleurs à bulbes qui transforment ses alentours en patchwork multicolore. Vous y apprécierez la douceur et l'élégance propre aux villes de la Hollande intérieure, visiterez le superbe musée Frans Hals, et partirez à la recherche de ses charmants hofjes.

▶ **Accès** : entre 6h et 1h, train toutes les 10mn entre Centraal Station et Haarlem ; trajet : 15-20 mn ; continuation vers Zaandvoort.
▶ **Conseil** : les vélos étant acceptés dans les trains, vous pourrez parcourir Haarlem avec votre bicyclette amstellodamoise et prolonger la balade vers la côte (Zandvoort).

GROTE MARKT★

(Place du Marché)

Le cœur historique de la ville, toujours très animé, est un vaste espace piéton, bordé à l'est par l'église St-Bavon, à l'ouest par l'hôtel de ville, et au sud par la splendide Vleeshal. Vous y découvrirez également la statue de Laurens Janszoon, dit Coster (1405-1484), considéré aux Pays-Bas comme l'inventeur de l'imprimerie.

GROTE OF SINT BAVOKERK★★

(Grande Église Saint-Bavon)

Oude Groenmarkt 23 - ✆ (023) 553 20 40 - www.bavo.nl (en anglais) - lun.-sam. 10h-16h (17h en été) - 2,50 € - brochure à l'entrée.

Édifiée entre la fin du 14e s. et le début du 16e s. dans le style sobre du gothique brabançon, cette imposante église protestante – à ne pas confondre avec la cathédrale catholique St-Bavon (Leidsevaart) – se distingue de loin à son élégante **tour-lanterne★**, en bois recouvert de plomb, de 80 m de haut. L'espace intérieur est dominé par une splendide **voûte en étoiles★** en cèdre. Il abrite les **grandes orgues★** conçues par Christian Müller en 1738. Ornées de sculptures de Jan van Logteren, elles ont longtemps compté parmi les meilleurs instruments du monde. Haendel et Mozart eux-mêmes auraient fait le déplacement. Vous aurez l'occasion de les entendre au cours d'un des concerts donnés en l'église, ou lors du festival d'orgue en juillet (programme sur le site Internet). Remarquez enfin le sol de l'église, entièrement constitué de dalles funéraires. Celle du peintre **Frans Hals** est signalée par une lanterne, derrière la belle **grille★** du chœur au remplage en laiton. Contre la façade nord de l'église, remarquez la **halle aux poissons** (Vishal, 1769).

Le banquet des officiers du corps des archers de St-Adrian par Frans Hals

VLEESHAL★

(Halle aux viandes)

Cet élégant édifice maniériste fut élevé entre 1602 et 1604 par le Gantois Lieven de Key (1560-1627), afin d'abriter le marché aux viandes, seul endroit autorisé pour la vente de la viande fraîche. Les pinacles du pignon à redents et la décoration de la façade (têtes de bœufs et de béliers) évoquent la fonction du lieu. Les caves sont occupées par le **Musée archéologique** de Haarlem *(merc.-dim. 13h-17h - entrée libre)*, tandis que, au-dessus, diverses expositions d'art contemporain sont organisées par **De Hallen**, une annexe du musée Frans Hals *(Grote Markt 16 - ✆ (023) 511 57 75 - www.dehallen.nl (en anglais) - mar.-sam. 11h-17h, dim. 12h-17h - 7,50 €).*

STADHUIS★

Grote Markt 2 - ✆ (023) 511 30 00 - lun.-vend. 8h-17h15.

Flanqué d'une tourelle de briques, l'hôtel de ville, édifice gothique du 14e s., a subi de nombreux remaniements au fil des siècles. À droite, un avant-corps à pilastres est surmonté d'un élégant pignon à volutes où niche une allégorie de la justice. À gauche, une très jolie loggia Renaissance domine le perron. Au 1er étage, la **salle des Comtes** ou **Gravenzaal** a conservé son cachet ancien *(visite sur RV - ✆ (023) 511 30 00).*

LES HOFJES

Lun.-sam. 10h-17h.

Parmi les nombreuses institutions charitables dont disposaient les habitants de la riche ville de Haarlem à partir du 15e s., vous visiterez le **Provenierhofje** de 1592 ouvrant par un grand porche du Grote Houtstraat *(n° 142)*, mais aussi le joli jardin du **Brouwershofje** *(Tuchthuisstraat 8)*, fondé par la guilde des brasseurs en 1472. Ou encore **Bruiningshofje** *(Botermarkt 13)*, petite cour fleurie au fond d'une impasse.

Pour poursuivre la visite des 19 hofjes de la ville, procurez-vous le plan qui leur est consacré à l'office de tourisme VVV Haarlem situé au Grote Markt 2 - *www.vvvhaarlem.nl, en anglais - avr.-oct. : lun.-vend. 9h30-18h, sam. 9h30-17h, dim. 12h-16h ; oct.-avr. : lun. 13h-17h30, mar.-vend. 9h30-17h30, sam. 10h-17h.*

FRANS HALS MUSEUM★★★

(Musée Frans Hals)

Groot Heiligland 62 - ✆ (023) 511 57 75 - www.franshalsmuseum.com (en anglais) - mar.-sam. 11h-17h, dim. 12h-17h - 12,50 € (-19 ans gratuit).

Au cœur du vieux quartier, le musée vedette de Haarlem est installé depuis 1913 dans un ancien hospice (1610) dont les jolies maisons basses s'organisent autour d'une cour-jardin.

Né à Anvers, **Frans Hals** (1581-1666) est néanmoins un enfant de Haarlem, sa famille s'y étant installée en 1591. Sa carrière picturale se déroule entièrement dans cette ville. Des 240 toiles qui lui sont attribuées émerge une facture alerte et rapide, ainsi que l'importance accordée au visage. Les 195 portraits qu'il exécuta ont bouleversé les traditions jusqu'alors liées à ce type de composition : de l'espace, des attitudes naturelles, des représentations sans flatterie... Ses portraits collectifs de gardes civiques (dont il fera partie) et de confréries permettent de comprendre toute la virtuosité du naturalisme qu'il a introduit dans la peinture de son pays, ce qui lui vaut le titre de **fondateur de l'école réaliste hollandaise**.

Voyez les cinq portraits de groupe mettant en scène les deux milices de Haarlem – une tâche considérable si l'on pense qu'elle représentait l'exécution de 68 portraits...

Remarquable pour sa richesse chromatique et la mobilité des personnages, **Le Banquet des officiers de la garde Saint-Georges★★★** (1616) est le premier des cinq. Suivirent un autre **Banquet des officiers de la garde Saint-Georges★★★** (1627), encore un dîner d'adieu, **Rencontre des officiers et sous-officiers de la garde Saint-Adrien★★** en extérieur. À la gaieté et à la couleur de ces œuvres, s'oppose l'austérité toute calviniste des **Régentes de l'hospice des vieillards★** et des **Régents de l'hospice des vieillards★★** (1664), peints alors que Hals avait atteint plus de 80 ans.

Le musée, loin de se cantonner aux œuvres de Hals, s'intéresse à la peinture hollandaise des 16e et 17e s., et en particulier au foyer harlémois. Le lieu abrite enfin une collection de mobilier.

TEYLERS MUSEUM★

Spaarne 16 (l'entrée se situe Nauwe Appelaarsteeg 3) - ✆ (023) 531 90 10 - www.teylersmuseum. eu (en anglais) - mar.-sam. 10h-17h, dim. 12h-17h - 11 € (-18 ans 2 €, gratuit -6 ans).

Situé au bord de la Spaarne, le plus ancien musée public des Pays-Bas (1779) fut fondé grâce au legs de Pieter Teyler van der Hulst (1702-1778), riche négociant de draps et de soieries. Les salles de cet hôtel particulier néoclassique dégagent une atmosphère surannée qui fait tout le charme de la visite – ainsi la salle ovale (1784) aux boiseries sculptées.

Les collections présentées témoignent des multiples centres d'intérêt de l'honnête homme : fossiles, monnaies anciennes, estampes, tableaux de l'époque romantique et magnifique **collection de dessins★★** (œuvres de Rembrandt et de Michel-Ange).

MOLEN DE ADRIAAN

(Moulin De Adriaan)

Papentorenvest 1a - ✆ (023) 545 02 59 - www.molenadriaan.nl (en néerlandais) - nov.-fév. : lun. et vend. 13h-16h30, w.-end 10h30-16h30 ; mars-oct. : lun., merc.-vend. 13h-17h, w.-end 10h30-17h - 3,50 €.

Ce beau moulin à galerie noir et blanc, qui domine la Spaarne au nord-est du centre-ville, est l'exacte réplique de l'ancien moulin de 1778, ruiné par un incendie en 1932. Vue panoramique sur la ville depuis la galerie.

ZANDVOORT

Située à 10 km à l'ouest de Haarlem, la station balnéaire la plus fréquentée du pays déroule son ruban de villas et d'hôtels, entre plage sans fin et beaux cordons de dunes. Une belle rencontre avec la mer du Nord !

Nos adresses

Shopping haut en couleur.
A. Leroy / Iconotec RM / age fotostock

Se restaurer

Les voyageurs à petit budget satisferont leur faim dans le centre historique qui regorge de gargotes. Et pourquoi ne pas essayer les **kiosques** à poisson établis sur les ponts ou encore la cuisine indonésienne ?
Pour des déjeuners légers, sains et conviviaux, préférez les **eetcafés** (soupes, salades, tartes) des quartiers des canaux ou du Jordaan.
Le copieux petit-déjeuner local peut parfois vous « tenir » jusqu'au soir… ou jusqu'à l'apéritif, véritable rituel.
Si quelques **restaurants** prévoient à midi une carte plus légère et moins onéreuse, la plupart ne sont ouverts que le soir et nécessitent souvent une réservation. Pour le déjeuner, on leur préférera donc les cafés conviviaux qui servent des salades, des soupes, des pâtes ou de copieux sandwichs.
Reportez-vous aux informations pratiques sur la restauration (*p. 116*) et au chapitre détaillant quelques spécialités (*p. 142*).
Repérez les adresses ci-dessous sur le plan détachable, à l'intérieur de la couverture, grâce aux pastilles numérotées (ex. 1*).*

CENTRE HISTORIQUE ET QUARTIER ROUGE

Plan de quartier p. 16-17

Moins de 10 €

45 **Latei** – **D3** - *Zeedijk 143 - M Nieuwmarkt - (020) 625 74 85 - lun.-merc. 8h-18h, jeu.-vend. 8h-22h, sam. 9h-22h, dim. 11h-18h.* Amusant café-brocante où bonnes pâtisseries - mmmh… la tarte aux pommes ! - soupes, sandwichs et des plats indonésiens (soir en fin de semaine) se dégustent au milieu d'un bric-à-brac des années 1960-1970 entièrement à vendre.

57 **Sie Joe** – **C3**- *Gravenstraat 24A - Tram 1, 2, 5 - (020) 624 18 30 - www.siejoe.com - tlj sf dim. 12h-19h (sam. 20h).* Au pied de Nieuwe Kerk, cette petite cantine indonésienne sans prétention propose une carte courte, mais efficace, de plats de nouilles, de riz ou de saté.

De 10 à 25 €

22 **Gartine** – **C4** - *Taksteeg 7 - Tram 4, 9, 14, 16, 24, 25 - (020) 320 41 32 - www.gartine.nl - merc.-dim 10h-18h.* Quel contraste avec la remuante Kalverstraat voisine ! Dans ce joli salon de thé à l'ancienne, on vient se régaler de viennoiseries et d'excellents produits bio, cultivés dans le jardin des propriétaires.

18 **De Bakkerswinkel** – **D3** - *Warmoesstraat 69 - Tram 4,5 - (020) 489 80 00 - www.debakkerswinkel.nl - lun.-vend. 8h-17h30, sam.-dim. 9h-18h.* Une sympathique adresse où il est difficile de résister devant le buffet de tartes et de tartines. Les confitures maison sont à se damner… Autres adresses : Warmoesstraat 133, Roelof Hartstraat 68 et Regulateurshuis 1 (à l'entrée du pont-levis).

41 **Kantjil en de Tiger** – **C4** - *Spuistraat 291-293 - Tram 1, 2, 5 -*

(020) 620 09 94 - www.kantjil.nl - 12h-23h. Cet établissement reconnu permet de découvrir la cuisine indonésienne sans se ruiner. En plus du service rapide et efficace, vous apprécierez le copieux *rijsttafel* (pour 2 pers.) ou les plus raisonnables *rames*.

71 **Frenzi** – **D4**- *Zwanenburgwal 232 - M Waterlooplein - (020) 423 51 12 - www.frenzi.nl - 12h-1h (cuisine jusqu'à 22h)*. Bien placée, cette adresse conviviale permet de se restaurer à moindre frais midi (soupes, pâtes) et soir (tapas).

26 **Café Bern** – **D3** - *Nieuwmarkt 9 - M Nieuwmarkt - (020) 622 00 34 - 16h-1h - fermé de mi-juil. à mi-août*. Dans ce vieux café brun à l'ambiance digne d'un tableau de Jan Steen, on se restaure à la bonne franquette de fondues au fromage ou à la viande (à faire revenir dans du beurre à l'ail...). Réserver.

40 **Humphrey's** – **C3**- *Nieuwezijds Voorburgwal / Nieuwezijds Kolk 23 - Tram 1, 2, 5 - (020) 422 12 34 - www humphreys.nl - 17h-22h, vend.-sam. 22h30*. Un restaurant apprécié pour son bon rapport qualité-prix et son grand choix de plats. Formule entrée-plat-dessert à 25 €. Cadre à l'ancienne dans un vieil entrepôt.

De 25 à 40 €

36 **Haesje Claes** – **C4** - *Spuistraat 275 - Tram 1, 2, 5 - (020) 624 99 98 - www.haesjeclaes.nl - 12h-22h*.
En pénétrant dans ces trois maisons du 16e s., vous choisissez la simple mais solide cuisine traditionnelle. En hiver, réchauffez-vous autour d'un *stamppot* à base de saucisse, lard, légumes et pommes de terre.

39 **Harkema** – **C4** - *Nes 67 - Tram 4, 9, 14, 16, 24, 25 - (020) 428 22 22 - www.brasserieharkema.nl - 12h-1h*. Le décor épuré de cet ancien entrepôt de tabac est signé Ronald Hooft et Herman Plast. On s'y presse pour déguster une cuisine internationale sans surprise mais correcte.

42 **Kapitein Zeppos** – **C4** - *Gebed Zonder End 5 - Tram 4, 9, 14, 16, 24, 25 - (020) 624 20 57 - www.zeppos.nl - 12h-1h (vend.-sam. 3h)*. Un endroit aux airs de guinguette baptisé en mémoire d'un héros d'une série TV belge des années 1960. Vous y dégusterez des sandwichs le midi et des plats plus élaborés en soirée. Rien d'extraordinaire dans l'assiette, mais on s'y rend avant tout pour l'atmosphère décalée du lieu.

78 **Lucius** – **C4** - Spuistraat 247 - *Tram 1, 2, 5 - (020) 624 18 31 - www.lucius.nl - tlj 17h-0h*. Décor de brasserie et carte à 95 % consacrée aux produits de la mer. Voici le rendez-vous préféré des amateurs de poissons.

Plus de 40 €

62 **d'Vijff Vlieghen** – **C4** - *Spuistraat 294-302 (via Vlieghendesteeg 1) - Tram 1, 2, 5 - (020) 530 40 60 - www.thefiveflies.com - 18h-22h*. Les « cinq mouches », ce sont cinq maisons du 17e s. transformées en un labyrinthe de petites salles à manger rustiques et charmantes où l'on déguste une très bonne cuisine néerlandaise revisitée au goût du jour. Belle sélection de genièvres et de liqueurs.

LES CANAUX NORD

***Plan de quartier** p. 33*

Moins de 10 €

59 **Stubbe's Haring** - **C2** - *Singel 8 - BUS 18, 21 - mar.-sam. 11h-17h30.* Situé sur le pont qui relie Nieuwendijk à Haarlemmerstraat, ce kiosque propose *maatjes* et autres anguilles, très frais, qui s'avalent avec un peu d'oignon ciselé et du pain.

30 **Greenwoods** - **C3** - *Singel 103 - Tram 1, 2, 5 - (020) 623 70 71 - www.greenwoods.eu - lun.-jeu. 9h30-17h, vend.-dim. 9h30-18h.* Les soupes, quiches, sandwichs ou gâteaux maison à base de produits bio sont absolument délicieux, comme en témoigne la salle bondée du matin au soir. Petite terrasse face au calme Singel. Autre adresse à Keizersgracht 465.

De 10 à 25 €

20 **De Bolhoed** - **B2** - *Prinsengracht 62 - Tram 13, 14, 17 - (020) 626 18 03 - 12h-21h30.* Une adresse colorée, dans le décor comme dans les assiettes. La cuisine du monde végétarienne, biologique et copieuse, y est servie dans une ambiance détendue.

Plus de 40 €

33 **Envy** - **B3** - *Prinsengracht 381 - Tram 13, 14 - (020) 344 64 07 - www.envy.nl - 18h-23h et aussi à midi du vend. au dim.* Cuisine moderne et inventive servie en portions réduites afin que les convives puissent tester un maximum de ces petites créations délicates. Côté décor, style intimiste et cuisine ouverte.

LES CANAUX SUD

***Plan de quartier** p. 38*

De 10 à 25 €

63 **Wagamama** - **B5** - *Max Euweplein 10 - Tram 1, 2, 5, 7, 10 - (020) 528 77 78 - www.wagamama.nl - 12h-22h, vend.-sam. 23h.* Grande cantine japonisante, où l'on partage de longues tablées avec une clientèle jeune et branchée. Autre adresse à Amstelstraat 8.

25 **Buffet van Odette** - **C5** - *Prinsengracht 598 - Tram 1, 2,5 - (020) 423 60 34 - www.buffet-amsterdam.nl - tlj sf mar. 10h-20h30.* Des produits bio, provenant des fermes environnantes, entrent dans la préparation de sandwichs, soupes et salades inoubliables. La salle de poche, conviviale et lumineuse, se prolonge d'une petite terrasse en été.

De 25 à 40 €

61 **Tempo Doeloe** - **D5** - *Utrechtsestraat 75 - Tram 4, 6, 7 - (020) 625 67 18 - www.tempodoeloerestaurant.nl - tlj sf dim. 18h-23h30.* Cette élégante petite table indonésienne se cache derrière une façade discrète depuis plusieurs décennies et sert des *rijsttafel*, plébiscités par la clientèle. Réserver.

72 **Sluizer** - **D5** - *Utrechtsraat 43-45 - M Waterlooplein - (020) 622 73 66 - 17h30-23h.* Décor modernisé, mais pas trop pour ce restaurant de quartier, qui existe depuis 1967. Carte brève de plats à 20-28 € pour une cuisine fraîche aux portions un peu chiches.

AMSTELHOTEL
Amstel Hotel
La Rive
Amstel Hotel

Plus de 40 €

73 **Beddington's** – **D5** - *Utrechtsedwarsstraatf 141 - Tram 4, 6, 7 - ✆ (020) 620 73 93 - www.beddington.nl - merc.-dim. 18h-22h.* Confort british, produits locaux et préparations japonisantes, un cocktail réussi qui assure le succès mérité de ce restaurant.

Plus de 80 €

54 **La Rive** – **D6** - *Hôtel Amstel, Prof. Tulpplein 1 - M Weesperplein - ✆ (020) 520 32 64 - www.restaurantlarive.nl - mar.-sam. 12h-14h, 18h30-22h30 (vend. et sam. le soir seulement).* Ambiance feutrée, décor raffiné, service irréprochable et vue sur le canal subliment l'excellente cuisine du lieu. Carte gastronomique à la fois classique et inventive et cave de grand seigneur ! Réserver.

JORDAAN ET WESTERDOK

***Plan de quartier** p. 47*

Moins de 10 €

55 **Small World** – **B-C1** - *Binnen Oranjestraat 14 - Bus 18, 22 - ✆ (020) 420 27 74 - www.smallworldcatering.nl - mar.-vend. 10h30-19h, sam. 10h30-18h, dim. 12h-18h.* L'une des meilleures cantines de la ville, où les salades, quiches et sandwichs s'accompagnent de cocktails de fruits frais. La queue au comptoir et les bonnes odeurs qui embaument la rue ne trompent pas !

De 10 à 25 €

79 **Café-Restaurant Amsterdam** – ***voir plan du quartier p. 47*** - *Watertorenplein 6 - Tram 10, Bus 18, 21 - ✆ (020) 682 26 66 - www.cradam.nl - 10h30-minuit.* Cette brasserie, aménagée dans une ancienne station de pompage, enchante par son décor plus que par ses plats, sans surprise.

32 **Eetcafe Roserijn** – **C1** - *Haarlemmerdijk 52 - Bus 18, 21 - ✆ (020) 626 80 27 - www.rosereijn.nl - 12h-16h, 17h-23h30.* Voici l'exemple type du bistro de quartier, populaire et sans prétention. Midi ou soir, le menu a de quoi contenter tout le monde : de la moussaka végétarienne au foie braisé.

De 25 à 40 €

48 **Lof** – **C2** - *Haarlemmerstraat 62 - Bus 18, 21, 22 - ✆ (020) 620 29 97 - mar.-sam. 19h-23h.* Un soupçon d'Orient, beaucoup de créativité et un menu 3 plats qui change selon le marché. Une adresse discrète chaudement recommandée !

Plus de 40 €

24 **Bordewijk** – **B2** - *Noordermarkt 7 - Tram 1, 2, 5 - ✆ (020) 624 38 99 - http://bordewijk.nl - mar.-sam. 18h30-22h30.* Oubliez l'austérité du décor industriel de cette adresse courue et concentrez-vous sur l'excellente cuisine d'inspiration française et italienne concoctée avec talent.

74 **Dwars** – **B2** - *Egelantiersstraat 24 - Tram 13, 14, 17 - ✆ (020) 625 53 06 - www.restaurantdwars.nl - mer.-dim. à partir de 17h30.* Dans une rue calme du Jordaan, ce restaurant discret propose un menu court, novateur et fréquemment renouvelé, qui met en valeur les produits du terroir hollandais. Une bière de micro-brasserie est conseillée pour chaque plat.

QUARTIER DES MUSÉES ET DE PIJP

Plan de quartier ***p. 54-55***

De 10 à 25 €

17 **De Taart van m'n tante** – ***C6*** - *Ferdinand Bolstraat 10 - Tram 7, 10, 16, 24, 25 - ✆ (020) 776 46 00 - www.detaart.com - 10h-18h.* Derrière la brasserie Heineken, ce salon de thé s'adresse aux becs sucrés. Des gâteaux hauts en couleur acidulée dans un décor 100 % kitsch. Dommage que le service ne soit pas toujours à la hauteur.

19 **Bazar** – ***C7*** - *Albert Cuypstraat 182 - Tram 16, 24 - ✆ (020) 675 05 44 - www.bazaramsterdam.nl - lun. 11h-minuit (vend.-sam. 1h).* Ce café-brasserie est à l'image du quartier : multiculturel. Sous les hautes voûtes d'une ancienne église, entre mosaïques et moucharabiehs, on vous sert une cuisine turque et maghrébine, copieuse et bon marché.

Plus de 40 €

34 **Le Garage** – ***B7*** - *Ruysdaelstraat 54 - Tram 16, 24 - ✆ (020) 679 71 76 - www.restaurantlegarage.nl - lun.-vend. 12h-14h, 18h-23h, w.-end 18h-23h.* Ambiance artistique et effervescence cosmopolite dans cette brasserie moderne où l'on se presse autour d'une cuisine française. Réserver.

66 **Yamazato** et **Ciel Bleu** – ***C8*** - *Hôtel Okura, Ferdinand Bolstraat 333 - Tram 12, 25 - ✆ (020) 678 74 50 - www.okura.nl.* Ces deux restaurants étoilés se côtoient au sein d'un palace nippon. Dans le premier (midi et soir), vous dégusterez des plats traditionnels japonais, parfaitement préparés. Le second (tlj sf dim. 18h30-22h30), moderne et cosy, propose une cuisine créative de haute volée. Réserver.

JODENBUURT, PLANTAGE ET OOSTERDOK

Plan de quartier ***p. 65***

Moins de 10 €

56 **Soup en Zo** – ***D4*** - *Jodenbreestraat 94a - M Waterlooplein - ✆ (020) 422 22 43 - www.soupenzo.nl - lun.-vend. 11h-20h, sam.-dim. 12h-19h.* Venez partager ici la passion locale pour les soupes du monde. Cet établissement de poche en concocte une dizaine, à consommer sur place ou à emporter.

De 10 à 25 €

28 **De Cantine** – ***G3*** - *Rietlandpark 373 - Tram 10, 26 - ✆ (020) 419 44 33 - www.decantine.nl - lun.-jeu. 10h-0h, vend. 10h-1h, sam. 12h-3h, dim. 12h-0h.* Voisin de l'hôtel Lloyd (*p. 107*), ce café est un lieu culturel et une halte pour se sustenter de soupes (dont une à la cacahuète) et de salades.

49 **L'Orangerie** – ***D4*** - *Hortus Botanicus, Plantage Middenlaan 2a - Tram 9, 14 - ✆ (020) 625 90 21 - www.dehortus.nl - 10h-17h.* Née en 1875, l'Orangerie du jardin botanique (*p. 67*) n'est accessible qu'aux visiteurs du jardin. Vous y dégusterez des sandwichs, des salades et des pâtisseries savoureuses. La plupart des produits proviennent des fermes environnantes. Le menu 3 services (28,50 €) comprend l'entrée au parc.

(50) **La Place** – ***DE3*** - *Oosterdokskade 3 - M Centraal station - 10h-22h (la cuisine ferme à 21h) - www.laplace.nl.* Au 7e et dernier étage de la nouvelle bibliothèque, cette cafétéria, avec vue panoramique et terrasse, met à l'honneur la cuisine du monde. Choix débordant, organisé en divers espaces culinaires. Il y en a pour tous les goûts ! Autre adresse, plus vaste, plus centrale et touristique : Kalverstraat 203.

(47) **Koffiehuis van den Volksbond** – ***E4*** - *Kadijksplein 4 - Bus 22,42 - ✆ (020) 622 12 09 - www.koffiehuisvandenvolksbond.nl - 18h-22h.* L'ancien café du parti communiste, où les ouvriers venaient toucher leur paye, a conservé son ambiance populaire. Cuisine généreuse et sans prétention qui se déguste en partageant sa table.

Plus de 40 €

(75) **Fifteen** – ***F2*** - *Jollemanhof 9 - Tram 26 - ✆ (020) 509 50 15 - www.fifteen.nl - lun.-sam. 12h-1h, dim. 16h30-1h.* Le très médiatique chef Jamie Oliver a investi cet espace industriel pour créer un restaurant de cuisine bio où sont employés des jeunes en réinsertion.

(35) **Greetje** – ***E3*** - *Peperstraat 23-25 - Bus 22, 42 ; M Nieuwmarkt - ✆ (020) 779 74 50 - www.restaurantgreetje.nl - 18h-22h (sam. 23h).* Le chef de cette adresse de charme rend un bel hommage aux produits hollandais (anguille, réglisse...), en les accommodant de manière inventive. Réserver.

(77) **Elkaar** – ***F5*** - *Alexanderplein 6 - Tram 9, 14 - ✆ (020) 330 75 59 - www.etenbijelkaar.nl - tlj sf sam. midi.* Une adresse sérieuse à deux pas du Tropenmuseum, où déguster une excellente cuisine franco-méditerranéenne.

De Kas – ***Hors plan*** - *Kamerlingh Onneslaan 3, Frankendael Park - Tram 9, arrêt Hogeweg ; Bus 59, 69 - ✆ (020) 462 45 62 - www.restaurantdekas.nl - lun.-vend. 12h-14h, 18h30-22h, sam. 18h30-22h.* Au milieu d'une serre maraîchère datant de 1926, le chef vous invite à découvrir un menu renouvelé de 3 plats issus de son riche potager.

R.Hoeben/De Kas

Le restaurant De Kas au milieu d'une serre maraîchère.

Prendre un verre

Les cafés sont légion à Amsterdam mais tous se caractérisent par une ambiance chaleureuse. Chaque type de café permet au visiteur de découvrir différents aspects de la vie amstellodamoise.
Dans les **eetcafés**, on se restaure légèrement tout en consultant la presse mise à disposition.
Les minuscules **cafés bruns** *(bruins cafés)*, anciens et authentiques (de vrais bric-à-brac parfois), doivent leur nom à leurs murs brunis par le tabac, certains depuis le 17e s. Concentrés dans le centre historique et le Jordaan, on y consomme de la bière et du genièvre.
Les **proeflokalen**, variante des précédents, sont dédiés à la dégustation d'alcools aromatisés souvent distillés sur place.
Comme toute capitale, la cité des canaux regorge aussi d'adresses branchées, qui côtoient de sympathiques cafés de quartier, dits parfois « **cafés blancs** », où la population s'adonne à un rituel immuable : l'**apéritif**. Moment de sociabilité par excellence, il se prend à la sortie du travail et, aux beaux jours, fait déborder les terrasses.
Les derniers verres se prennent autour de **Leidseplein** (*p. 43*), **Rembrandtplein** (*p. 39*) ou dans le Quartier rouge, hauts lieux des nuits locales.
Quant aux **coffee-shops** (*p. 112*), il est également possible d'y boire un verre.

Repérez les adresses ci-dessous sur le plan détachable, à l'intérieur de la couverture, grâce aux pastilles numérotées (ex. 1).

CENTRE HISTORIQUE ET QUARTIER ROUGE

***Plan de quartier* p. 16-17**

1 Café Stevens – ***D3*** - *Geldersekade 123 - M Nieuwmarkt - (020) 620 69 70 - 10h-1h (vend.-sam. 3h)*. La carte de boissons éclectique et la belle vue sur la place la plus animée de la ville font de ce bar-salon une étape agréable.

2 De Bekeerde Suster – ***D3*** - *Kloveniersburgwal 6-8 - Tram 4, 9, 16, 24 ; M Nieuwmarkt - (020) 423 01 12 - 15h-1h, vend.-sam. 12h-2h, dim. 12h-0h*. Aménagé dans un ancien couvent, cet établissement qui brasse sa propre bière s'est donc baptisé « la sœur convertie » ! Dégustation entre alambic et fûts et ambiance pub-brasserie réussie.

4 De Drie Fleschjes – ***C3*** - *Gravenstraat 18 - Tram 1, 2, 4, 9, 14 - (020) 624 84 43 - www.driefleschjes.nl - 14h-20h30, dim. 14h30-19h*. Le *proeflokaal* « les trois flacons » est un comptoir de dégustation de liqueurs bataves. Le lieu ne semble pas avoir changé depuis 1650 !

5 De Jaren – ***C4*** - *Nieuwe Doelenstraat 20-22 - Tram 4, 9, 16, 24 - (020) 625 57 71 - www.cafedejaren.nl - dim.-jeu. 10h-1h, vend.-sam. 10h-2h*. Avec son décor contemporain, ses carrelages multicolores et ses deux terrasses sur l'Amstel, ce café s'impose comme l'un des plus jolis et les populaires de la ville. Le restaurant (17h30-22h) à l'étage s'avère fort agréable en soirée.

6 Dampkring – **C4** - *Handboogstraat 29 - Tram 1, 2, 5 - (020) 638 07 05 - 10h-1h.* La décoration psychédélique et l'ambiance conviviale de ce coffee-shop lui attirent les faveurs des Amstellodamois et des cinéastes, puisque c'est ici que furent tournées certaines scènes d'*Ocean's Twelve*.

8 Greenhouse – **C3** - *Oudezijds Voorburgwal 191 - Tram 4, 9, 14 - (020) 627 17 39 - 9h-1h.* Au cœur du Quartier rouge, ce coffee-shop, où touristes et locaux se mêlent, compte toujours parmi les plus renommés de la ville, malgré une ambiance désormais plus commerciale.

9 De Engelbewaarder – **D4** - *Kloveniersburgwal 59 - M Nieuwmarkt- (020) 625 37 72 - 10h-1h (vend.-sam. 3h, dim. à partir de midi).* Le long d'un canal central mais calme, ce café attire une clientèle variée (étudiants, artistes, journalistes). Ambiance décontractée, petite terrasse bondée pour l'apéritif et bon choix de bières belges et locales. Concerts de jazz occasionnels.

10 In de Wildeman – **C2-3** - *Kolksteeg 3 - M Centraal Station - (020) 638 23 48 - www.indewildeman.nl - lun.-jeu. 12h-1h, vend.-sam. 12h-2h.* Les amateurs de bières (200 au choix) viennent en pèlerinage dans ce café tout en lustres et lambris, aménagé dans une ancienne distillerie.

11 De Koffie Salon – **C4** - *Spuistraat 281 - Tram 1, 2, 5 - (020)820 44 89 - www.dekoffiesalon.nl - 7h-19h.* Au sein d'une boutique de design, dans cet agréable *Salon*, coloré, moderne et convivial, on déguste d'excellents cafés, jus et pâtisseries.

12 Café 't Mandje – **D3** - *Zeedijk 63 - M Centraal Station ou Nieuwmarkt - (020) 206 22 53 - www.cafetmandje.nl - 16h-1h (sam. 3h).* Ouvert en 1927, voici le plus ancien bar gay et lesbien de la ville, au décor de café brun. Non loin, The Queens Head (*Zeedijk 20*) est une autre adresse « historique » de la scène gay.

13 In't Aepjen – **D2** - *Zeedijk 1 - M Centraal station - (020) 626 84 01 - www.cafeintaepjen.nl - 12h-1h (3h vend.-sam.).* Installé au rez-de-chaussée de l'une des dernières maisons en bois de la ville, ce bar de 1550 doit son nom, « Au petit singe », à l'animal que les marins étaient censés rapporter au patron quand ils ne pouvaient pas payer leur consommation. À ne pas manquer !

LES CANAUX NORD

Plan de quartier p. 33

14 De Pels – **B4** - *Huidenstraat 25 - Tram 1, 2, 5 - (020) 622 90 37 - 10h-1h (vend.-sam. 3h).* Au cœur des neuf ruelles, ce bar à l'ancienne rassemble Provos, intellectuels et journalistes.

16 Spanjer & van Twist – **B3** - *Leliegracht 60 - Tram 13, 14, 17 - (020) 639 01 09 - 10h-1h.* Cette adorable terrasse s'étire si près du canal que l'on peut toucher du doigt les péniches ! Idéal pour prendre l'apéritif.

Un café dans le quartier de Jordaan.

Port
Vermouth
Whisky
Likeuren
Cognac
Heineken

17 **Bar Oldenhof** - **B4** - *Elandsgracht 84 - ✆ (020) 751 32 73 - www.bar-oldenhof.com - mar.-jeu. 19h-1h, vend.-sam. 19h-3h.* À peine visible de la rue, ce bar aux allures de club anglais (velours et boiseries) ravira les amateurs de whisky, cocktails et jazz. Un voyage dans le temps !

3 **De Dokter** - **C4** - *Rozenboomsteeg 4 - Tram 1, 2, 4, 9, 14 - ✆ (020) 624 25 82 - www.cafe.de.dokter.nl - mar.-sam. 16h-1h.* Ce café-capharnaüm minuscule de 18 m² fut fondé en 1798 par un chirurgien, d'où son surnom de « petit docteur ». Sa bonne sélection de whiskies attire avant tout les locaux.

7 **Gollem** - **C4** - *Ramsteeg 4 - Tram 1, 2, 5 - www.cafegollem.nl - 16h-1h, w.-end 14h-2h.* Bar exigu au décor hétéroclite dont les 200 bières, en majorité belges, s'emploient à vous désaltérer.

19 **Café De Prins** - **B2-3** - *Prinsengracht 124 - Tram 13, 17 - ✆ (020) 624 93 82 - 10h-1h (vend.-sam. 2h).* Ce sympathique bistrot distille une ambiance chaleureuse tandis que sa terrasse offre une vue sur la maison d'Anne Frank. Les bières belges y ont la vedette.

22 **'t Smalle** - **B2** - *Egelantiersgracht 12 - Tram 13, 17 - ✆ (020) 623 96 17 - www.t-smalle.nl - 10h-1h, vend.-sam. 10h-2h.* La terrasse sur pilotis de ce café brun de 1786 (une ancienne distillerie) devient, les soirs d'été, le point d'amarrage des plaisanciers aux embarcations luxueuses. L'un des cafés les plus attachants de la ville !

23 **Twee Zwaantjes** - **B2** - *Prinsengracht 114 - Tram 1, 2, 3, 5, 14 - ✆ (020) 625 27 29 - 15h-1h, (vend.-sam. 3h).* En fin de semaine, la bière bue sans retenue et la musique entraînante aident la clientèle assez branchée à recréer l'atmosphère surchauffée d'un bar de marins.

LES CANAUX SUD

***Plan de quartier** p. 38*

15 **De Zotte** - **B5** - *Raamstraat 29 - Tram 1, 2, 6, 7 - ✆ (020) 626 86 94 - www.dezotte.nl - dim.-jeu. 16h-1h, vend.-sam. 14h-3h.* Les amateurs de bières belges se retrouvent dans ce petit bar hors des sentiers battus.

18 **Café américain** - **B5** - *Leidsekade 97 - Tram 1, 2, 5, 7, 10 - ✆ (020) 556 30 10 - www.edenamsterdamamericanhotel.com - 7h-22h.* Monument amstellodamois, cette magnifique brasserie, dans laquelle se côtoie une clientèle hétéroclite qui ne redoute pas les tarifs élevés, entretient une atmosphère « Belle Époque ».

JORDAAN

***Plan de quartier** p. 47*

20 **De Blaffende Vis** - **B2** - *Westerstraat 118 - Tram 1, 2, 3, 10 - ✆ (020) 625 17 21 - dim.-jeu. 8h30-1h, vend.-sam. 8h30-3h.* Le « poisson qui aboie », sympathique café de quartier, est connu de tous pour sa création artistique et humoristique lors du Jour du roi (ancien Jour de la reine).

21 **Papeneiland** - **C2** - *Prinsengracht 2 - Tram 1, 2, 5, 10 - ✆ (020) 624 19 89 - www.papeneiland.nl - 10h-2h, vend.-sam. 3h.* Ce café brun de 1641, très fréquenté par les anciens, occupe une situation parfaite pour observer le va-et-vient des bateaux et des

piétons. L'intérieur, avec ses carreaux de faïence de Delft et son plancher qui craque, possède un charme fou.

24 **Winkel 43** – **B2** - *Noordermarkt 43 - Tram 1, 2, 3, 5, 10 - (020) 623 02 23 - lun.-jeu. 8h-1h, vend.-sam. 8h-3h, dim. 10h-1h.* Animé lors des marchés, ce café résume l'âme du Jordaan. Il se mue en bar jeune et animé les soirs de w.-end.
Son voisin le **Proust** *(Noordemarkt 4 - lun. 8h-1h, mar.-vend. et dim. 12h-1h, sam. 10h-3h)* est aussi conseillé.

NOORD

Plan détachable

25 **EYE Bar-Restaurant** – **D1** - *IJpromenade 1 - accès en ferry (dir. Buiksloterwegveer) de Centraal Station - (020)490 44 14 - www.eyebarrestaurant.nl - 10h-22h30.* Le café de l'Institut du film est logiquement aménagé comme une salle de cinéma, tables disposées en gradins, l'écran remplacé par une gigantesque baie vitrée sur l'IJ. Idéal pour un verre « panoramique », on peut également y déjeuner ou dîner.

QUARTIER DES MUSÉES ET DE PIJP

Plan de quartier p. 54

26 **'t Blauwe Theehuis** – **A6** - *Vondelpark 5 - Tram 1, 2, 3, 5, 12 - (020) 662 02 54 - www.blauwetheehuis.nl - lun.-vend. 9h-19h, sam.-dim. 9h-20h.* Qu'il fait bon se prélasser aux terrasses circulaires de cette soucoupe volante posée au milieu du Vondelpark. Service de restauration et DJ's le dim. apr.-midi.

27 **Brouwerij Troost** – **C8** - *Cornelius Troostplein 23 - Tram 12, 25 (020) 737 10 28 - www.brouwerijtroost.nl - 11h-1h (vend.-sam. 3h).* Bien à l'écart des sentiers touristiques, dans une salle moderne et lumineuse aménagée entre les alambics, dégustez les trois bières produites sur place à accompagner de hamburgers, salades ou desserts.

JODENBUURT ET OOSTERDOK

Plan de quartier p. 65

28 **Bloem 36** – **E4** - *Entrepotdok 36 - Tram 9, 14, 10 - (020) 330 09 29 - www.bloem36.nl - 11h-minuit.* Dans la zone d'entrepôts rénovés, une terrasse plein sud face au canal, idéale pour prendre un verre au calme.

29 **Brouwerij't IJ** – **F4** - *Funenkade 7 - Tram 10; Bus 2 - (020) 622 83 25 - 14h-20h.* Au pied du moulin De Gooyer (*p. 72*), cette brasserie artisanale a investi d'anciens bains publics. Passé l'enseigne figurant une autruche, vous pourrez déguster des bières standard ou de saison.

30 **De Sluyswacht** – **D4** - *Jodenbreestraat 1 - M Waterlooplein - (020) 625 76 11 - www.sluyswacht.nl - lun.-jeu. 12h30-1h, vend.-sam. 12h30-3h, dim. 12h30-19h.* Au bord d'un canal, en face de Rembrandthuis, ce petit café semble surveiller l'écluse voisine. Attention, ce n'est pas l'excès d'alcool, c'est bien la maison (1695) qui penche!

31 **Koffiehuis KHL** – **G3** - *Oostelijke Handelskade 44 - Tram 10, 26 - (020) 779 15 75 - www.khl.nl - 12h-22h.* Aménagée dans l'ancienne cantine de la compagnie de navigation Royal Holland Lloyd, voici une halte bienvenue lorsque l'on parcourt ce quartier, chéri des amateurs d'urbanisme.

Shopping

Fromages bien différents des produits hollandais vendus dans nos boutiques. Chocolats et genièvres aux parfums inattendus. Cafés et thés de qualité, héritage du commerce de la Compagnie des Indes orientales. Mode et design inventifs, faïence de Delft, antiquités, bulbes de fleurs et innombrables boutiques insolites… Amsterdam vous donnera la fièvre acheteuse !

Les principaux terrains de jeu des amateurs de shopping sont les axes piétons **Nieuwendijk-Dam-Kalverstaat** et **Leiderstraat**. Bordés d'enseignes de mode (Zara, H & M, Mango, etc.) et de grands magasins, ils ressemblent à n'importe quels axes commerçants des grandes villes d'Europe. Plus originale et plus intimiste, la charmante zone **De Negen Straatjes** (*Les neuf ruelles, p. 34*) rassemble une kyrielle de petites boutiques de mode, de décoration, d'objets insolites, séparées par de sympathiques cafés. Dans le même genre, n'hésitez pas à arpenter **Haarlemmerstraat** et **Haarlemmerdijk** (*p. 49*) et les rues du **Jordaan**, où vous trouverez d'excellentes confiseries, des boutiques de mode et des galeries d'art. Faites également un crochet par les ateliers des jeunes créateurs de mode et de design installés à **Tussen de Bogen**, sous les arches de la voie ferrée – dans le même esprit que le Viaduc des arts aménagé sous la Promenade plantée à Paris. Les amateurs d'objets anciens trouveront leur bonheur chez les antiquaires du **Spiegelkwartier** (*p. 42*). Enfin, pour un shopping plus sélect, rendez-vous dans les boutiques de luxe et chez les créateurs de mode de la **P. C. Hooftstraat**.

Ne manquez pas les formidables **marchés** amstellodamois, de Albert Cuypmarkt (*p. 60*) le plus long d'Europe, à Boerenmarkt (*p. 48*) idéal pour acheter d'excellents fromages.

Les périodes de soldes sont les mêmes qu'en France. Mais la **St-Nicolas** étant plus importante que Noël, vous pourrez faire de bonnes affaires dès décembre.

« Achats » p. 112.

Repérez les adresses ci-dessous sur le plan détachable, à l'intérieur de la couverture, grâce aux pastilles numérotées (ex. 1).

CENTRE HISTORIQUE ET QUARTIER ROUGE

***Plan de quartier* p. 16-17**

Grands magasins

1 **De Bijenkorf** – C3 - *Dam 1 - 0900 09 19 - www.debijenkorf.nl - dim.-lun. 11h-20h, mar.-merc. 10h-20h, jeu.-vend. 10h-21h, sam. 9h30-20h.* L'équivalent de nos Galeries Lafayette.

2 **HEMA** – C3 - *Nieuwendijk 174 - Tram 4, 9, 16, 24, 25 - (020) 623 41 76 - www.hema.nl - lun.-sam. 9h-19h (jeu. 21h), dim. 11h-18h.* Les rayons

Brocante au pied de Nooderkerk, dans le Jordaan.

vaisselle, papeterie et luminaire de cette grande chaîne (indissociable du paysage commercial hollandais) sont un régal pour les fans de déco : joli, pratique et abordable, une efficace démonstration de design à la hollandaise. Également mode homme, femme et enfant.

Galerie historique

3 **Magna Plaza** – **C3** - *Nieuwezijds Voorburgwal 182 - Tram 1, 2, 5, 14 - www.magnaplaza.nl - lun. 11h-19h, mar.-sam. 10h-19h (jeu. 21h), dim. 12h-19h.* Luxueuse galerie commerciale aménagée dans l'édifice de l'ancien bureau de poste (*p. 20*).

Papilles

4 **Oud Amsterdam** – **C2** - *Nieuwendijk 75 - (020) 624 45 81 - www.oudamsterdam.nl - 10h-18h, dim. 12h-18h.* Boutique de liqueurs locales proposant de nombreuses variétés de genièvres et d'alcools fruités.

Design

6 **Droog Design** – **C4** - *Staalstraat 7a/b - Tram 4, 9, 14, 16 - (020) 523 50 59 - www.droog.com - mar.-dim. 11h-18h.* Grand nom du design néerlandais, « Design sec » a pour mot d'ordre : « Que la simplicité ne soit pas ennuyeuse ». À découvrir dans un espace original : café, expos, jardin et même... une unique chambre d'hôtel.

Mode et accessoires

7 **United Nude** – **C3** - *Spuistraat 125a - Tram 1, 2, 5 - (020) 626 00 10 - www.unitednude.com. - dim.-lun. 12h30-18h, mar.-merc. 10h30-18h30, jeu.-sam. 10h30-19h (jeu. 21h).* Les rayons de cette boutique de chaussures ultra-branchée irradient dangereusement ceux qui s'en approchent ! Des « historiques » Möbius aux Fold Lo colorées, les talons hauts sont à l'honneur.

8 **Jan Jansen** – **C3-4** - *Rokin 42 - Tram 4, 9, 14, 16, 24, 25 - (020) 810 05 23 - www.janjansen.com - dim.-lun. 12h-18h, mar.-sam. 10h-18h (jeu. 21h).* Créateur renommé dès les années 1970, Jan Jansen continue d'étonner avec ses chaussures extravagantes.

9 **Copa Football Store** – **C2** - *Prins Hendrikkade 20 - M Centraal Station - (020) 620 16 60 - www.copafootball.com - lun.-vend. 11h-19h, sam. 10h-18h, dim. 12h-18h.* Quand mode et football se rejoignent : ligne de maillots rétros (clubs, équipes nationales), sacs vintage, tee-shirts...

Enfants

10 **'t Klompenhuisje** – **D4** - *Nieuwe Hoogstraat 9a - M Nieuwmarkt - (020) 622 81 00 - www.klompenhuisje.nl - tlj sf dim. 10h-18h.* Des sabots de toutes les couleurs pour vos enfants. Mais aussi des bottes, des sandales...

Insolite

11 **Joe's Vliegerwinkel** – **D4** - *Nieuwe Hoogstraat 19 - M Nieuwmarkt - (020) 625 01 39 - www.joesvliegerwinkel.nl - mar.-vend. 12h-18h, sam. 12h-17h.* Si le vent d'Amsterdam vous inspire, vous trouverez ici toutes sortes de cerfs-volants pour colorer le ciel.

Santé et bien-être

12 **Condomerie** – **C3** - *Warmoesstraat 141 - Tram 4, 9, 14,*

16 - ✆ (020) 627 41 74 - www.condomerie.com - lun.-sam. 11h-18h, dim. 11h-17h. Installé dans le Quartier rouge depuis 1987, ce magasin propose plus de 120 modèles de préservatifs, de toutes les formes et de toutes les couleurs. Site Internet très bien fait.

13 Jacob Hooy & Co – ***D3*** - *Kloveniersburgwal 10-12 - M Nieuwmarkt - ✆ (020) 624 30 41 - www.jacobhooy.nl - lun. 13h-18h, mar.-vend. 10h-18h, sam. 10h-17h.* La même famille tient depuis 1743 cette herboristerie médicinale et culinaire.

Livres

14 Athenaeum Boekhandel – ***C4*** - *Spui 14-16 - Tram 1, 2, 4, 5, 16, 24, 25 - ✆ (020) 514 14 60 - www.athenaeum.nl - lun. 11h-18h, mar.-sam. 9h30-18h (jeu. 21h), dim. 12h-17h30.* Cette librairie propose des journaux étrangers et de nombreux ouvrages sur Amsterdam.

15 Oudemanhulspoort – ***C4*** - *Entre Kloveniersburgwal et Oudezijds Achterburgwal - Tram 4, 9, 14, 16, 24, 25 - lun.-sam. 10h-17h (parfois le dim.).* Entre deux canaux, ces bouquinistes attirent les bibliophiles depuis le 18ᵉ s.

Tabac et cigares

16 P.G.C. Hajenius – ***C4*** - *Rokin 92/96 - Tram 4, 9, 14, 16, 24, 25 - ✆ (020) 623 74 94 - www.hajenius.com - lun. 12h-18h, mar.-sam. 9h30-18h, dim. 12h-17h.* Ce prestigieux magasin de style Art déco (1915) ravit les amateurs de cigares et les fumeurs de pipes depuis 1826. Luxueux salons de dégustation.

LES CANAUX NORD ET SUD

Plans de quartier p. 33 et 38

Rues commerçantes et marché

Pour un shopping original et insolite, outre **De Negen Straatjes** (*p. 34*), rendez-vous sur **Prinsenstraat** et **Herenstraat**. Pour retrouver toute la mode internationale, suivez la foule sur **Leidsestraat** (nocturne le jeudi jusqu'à 21h). Enfin, les passionnés d'antiquités se précipiteront vers **Spiegelkwartier** et les amoureux de la nature au **marché aux fleurs** (*Bloemenmarkt, p. 36*).

Papilles

5 Van Stapele – ***C4*** - *Heisteeg 4 - Tram 1, 2, 5 - ✆ 654 24 14 97 - www.vanstapele.com - lun.-vend. 10h-18h, sam.-dim. 11h-18h.* On ne vend ici qu'un seul article... un irrésistible cookie au chocolat (noir et blanc), à acheter sortant du four. Un délice !

18 De Kaas Kamer – ***B4*** - *Runstraat 7 - Tram 1, 2, 5 - ✆ (020) 623 34 83 www.kaaskamer.nl - lun. 12h-18h, mar.-vend. 9h-18h, sam. 9h-17h, dim. 12h-17h30.* Magasin de fromages hollandais sélectionnés dans les meilleures fermes du pays. Conseils et dégustation.

19 Lanskroon – ***C4*** - *Singel 385 - Tram 1, 2, 5 - ✆ (020) 623 77 43 - mar.-vend. 8h-19h30, sam. 9h-19h30, dim. 10h-19h30.* Succulente pâtisserie renommée pour ses *stroopwafels*, petites « gaufres » traditionnelles fourrées au miel.

20 Pompadour – ***B4*** - *Huidenstraat 12 - Tram 1, 2,5 - ✆ (020) 623 95 54 - www.patisseriepompadour.*

com - 10h-18h, sam. 9h-18h, dim. 12h-18h. Impossible de résister aux pâtisseries et aux chocolats en vitrine. À déguster sur place ou à emporter. Autre adresse, qui sert à déjeuner : Kerkstraat 148 (près de Spiegelstraat).

21 **Puccini Bomboni** – **C3** - *Singel 184 - Tram 1, 2, 5, 13, 14 - (020) 427 83 41 - www.puccinibomboni.com - dim.-lun. 12h-18h, mar.-sam. 11h-18h.* L'un des meilleurs chocolatiers de la ville grâce à ses préparations classiques ou originales. Autres boutiques : Staalstraat 17 et Oudekerksplein 17a.

22 **Chocolatl** – **B4** - *Hazenstraat 25a - www.chocolatl.nl - mar.-sam. 11h-18h, dim. 13h-17h.* Les amoureux du chocolat feront leur choix devant une bibliothèque de tablettes.

23 **Kuyt** – **D5** - *Utrechtsestraat 109-111 - Tram 4, 6, 7 - (020) 623 48 33 - www.patisseriekuyt.nl - tlj sf dim. 8h-17h30 (sam. 17h).* Pâtisserie de haute volée où l'on hésite entre les classiques locaux (gâteaux aux pommes), d'excellentes tartes et des délices d'inspiration française.

Musique

24 **Concerto** – **D5** - *Utrechtsestraat 52 - Tram 4 - (020) 623 52 28 - www.platomania.eu - lun.-sam. 10h-18h (jeu. 21h), dim. 12h-18h.* Installé dans des boutiques mitoyennes, voici LE disquaire de la ville.

Accessoires

25 **Marlies Dekkers** – **B4** - *Berenstraat 18 - (020) 421 19 00 - www.marliesdekkers.com - lun. 13h-18h, mar.-sam. 11h-18h, dim. 12h-17h.* La créatrice de maillots de bain et de lingerie qui a le vent en poupe.

Mode et fripes

27 **Exota (women & children first)** – **B3** - *Hartenstraat 10 - Tram 13, 14, 17 - (020) 344 93 90 - www.exota.com - lun.-sam. 10h-18h, dim. 12h-18h.* Les femmes et les enfants trouveront leur bonheur dans le carnaval de couleurs et de motifs de la marque King Louie, spécialisée dans les vêtements rétro-vintage. Pour les messieurs, ça se passe dans la boutique d'en face, au n° 13.

28 **Hester Van Eeghen** – **B3** - *Hartenstraat 1 - Tram 13, 14, 17 - (020) 626 92 11 - www.hestervaneeghen.com - lun. 13h-18h, mar.-sam. 11h-18h.* Dans le quartier branché des Neuf Ruelles, une créatrice de chaussures réputée pour ses modèles mêlant les lignes classiques aux couleurs acidulées. Dans la même rue, boutique homme au n° 16 et sacs au n° 37.

29 **Van Ravenstein** – **B4** - *Keizersgracht 359 - Tram 1, 2, 5 - (020) 639 00 67 - www.van-ravenstein.nl - lun. 13h-18h, mar.-vend. 11h-18h (jeu. 19h), sam. 10h30-17h30.* Le temple des grands noms de la couture néerlandaise et flamande, Dries Van Noten ou Ann Demeulemeester en tête. *Outlet* le samedi.

30 **Laura Dols** – **B4** - *Wolvenstraat 7 - Tram 13, 14, 17 - (020) 624 90 66 - www.lauradols.nl - lun. 13h-18h, mar.-sam. 11h-18h (jeu. 19h), dim. 12h-18h.* Formidable sélection de fripes, élégantes, excentriques ou décontractées !

31 YDU - **B4** - *Keizersgracht 447 - (020) 626 91 91 - www.ydu.nl - lun. 13h-18h, mar.-sam. 10h-18h (jeu. 20h).* Young Designers United… Vous trouverez ici les pièces uniques et exceptionnelles d'un collectif de jeunes créateurs.

32 Shirt Shop - **C4-5** - Reguliersdwarsstraat 64 - *Tram 4, 9, 14 - (020) 423 20 88 - www.shirtshopamsterdam.com - tlj 13h-19h.* Des chemises, encore des chemises, de toutes marques et couleurs, de celles que vous ne trouverez pas ailleurs.

Déco et design

33 The Frozen Fontain - **B4** - *Prinsengracht 645 - (020) 622 93 75 - www.frozenfountain.nl - lun. 13h-18h, mar.-sam. 10h-18h, dim. 12h-17h.* Une immense caverne d'Ali Baba pour accros du design : mobilier et gadgets reflètent l'imagination débordante de la fine fleur des créateurs hollandais, tendance minimaliste chic.

42 Kitsch Kitchen - **B3** - *Rozengracht 8-12 - Tram 13, 14 - (020) 462 00 51 - www.kitschkitchen.nl - lun.-sam. 10h-18h, dim. 12h-17h.* De la carte postale rétro aux ustensiles de cuisine, en passant par les meubles, vous trouverez ici des centaines de gadgets et d'objets de décoration kitsch.

Fleurs

44 Tulip Museum - **B2** - *Prinsengracht 116 - www.amsterdamtulipmuseum.com - Tram 13, 17 - (020) 421 00 95 - 10h-18h.* Les passionnés de tulipes aimeront cette boutique où chaque objet est lié à la fleur emblématique. Mini-exposition payante au sous-sol. Seuls les vrais mordus débourseront les 5 € d'entrée.

Insolite

36 De Witte Tanden Winkel - **B4** - *Runstraat 5 - Tram 1, 2, 5 - (020) 623 34 43 - www.dewittetandenwinkel.nl - mar.-vend. 10h-17h30, sam. 10h-17h.* Cette amusante boutique propose un vaste choix de… brosses à dents (et dentifrices) originales.

37 Marañon - **C4** - *Singel 488 - Tram 1, 2, 5, 16, 24 - (020) 622 59 38 - www.maranon.net - lun.-vend. 11h-17h15, sam. 9h30-17h30, dim. 11h-17h.* Cette boutique a fait du hamac sa spécialité : nombreux modèles de tous styles et toutes origines.

Y. Levy / age fotostock

Laura Dols, une formidable sélection de fripes.

26 Cats & Things – **B4** - *Hazenstraat 26 - ✆ (020) 428 30 28 - www.catsandthings.nl - lun.-vend. 12h-18h, sam. 12h-17h.* Les amoureux des chats trouveront ici tout tout tout pour eux et leur matou… qui souvent n'en demande pas tant.

JOORDAN ET WESTERDOK

Plan de quartier p. 47

Marchés

Dans le Jordaan, **Noordermarkt** *(⟳ p. 46)* est le théâtre de deux beaux marchés. Le samedi *(9h-16h)* faites un tour au **38 Boerenmarkt** **B2**, adorable marché fermier et biologique. Les étals de fromages et le climat bon enfant vous laisseront de beaux souvenirs. Espace brocante et grand marché tout en longueur, plus général, sur le Lindengracht un peu plus loin. Le lundi *(8h-13h)*, les puces prennent possession du Noordermarkt.

Au sud du quartier, le beau marché couvert **40 De Looier** **B4** *(Elandsgracht 109/Lijnbaansgracht 193 - Tram 6, 7, 10 - www.antikcentrumamsterdam.nl - tlj sf mar.)* regroupe 72 stands d'antiquaires.

Papilles

41 Papabubble – **C1** - *Haarlemmerdijk 70 - Tram 3 - ✆ (020) 626 26 62 - www.papabubble.nl - lun., merc. et vend. 13h-18h, sam. 10h-18h.* Les effluves qu'exhale cette confiserie artisanale vous happent vers ses bonbons multicolores et multi-formes. Possibilité d'assister à la confection des bonbons les merc. et vend. entre 13h et 16h30. Autre adresse : Staalstraat 16.

Vintage

43 Jutka & Riska – **A4** - *Bilderdijkstraat 194 - Tram 3, 12 - ✆ (020) 618 80 21 - www.jutkaenriska.nl - 10h30-19h (jeu. 21h).* Bienvenue au paradis des fans d'articles vintage, ici classés… par couleurs.

QUARTIER DES MUSÉES ET DE PIJP

Plan de quartier p. 54

Rue commerçante et marché

P. C. Hooftstraat – **B6** - *Tram 2, 3, 5, 12 - www.pchooftstraat.nl.* La rue commerçante la plus élégante de la ville, où s'alignent les enseignes de haute couture.

Albert Cuypmarkt – **CD7** - *Albert Cuypstraat - Tram 4, 16, 24 - www.albertcuypmarkt.com - lun.-sam. 9h30-17h.* Populaire et cosmopolite, le plus grand marché généraliste d'Amsterdam est aussi le plus long d'Europe.

Mode

47 Sjerpetine – **C7** - *Eerste Van der Helststraat 33 - Tram 4, 16, 24 - ✆ (020) 664 13 62 - www.sjerpetine.nl - lun. 12h-18h, mar.-sam. 10h-18h.* Un énorme choix de vêtements, conçus par de petits créateurs et sélectionnés à l'usine de confection. Pour tous les goûts et (presque) toutes les bourses.

48 Blue Blood – **B6** - *P.C. Hoofstraat 142 - Tram 2, 3, 5, 12 - ✆ (020) 676 62 20 - www.bluebloodbrand.com - lun.*

13h-18h, mar.-sam. 10h-18h (jeu. 20h), dim. 12h-17h30. Marque hollandaise baptisée « sang bleu » en hommage à la toile denim. Vous en trouverez sous toutes les formes, les leurs et ceux d'autres designers. Une mode légère et facile à porter.

Deco, design

49 Hutspot – ***D6*** - *Van Woustraat 4 - Tram 16, 24 - (020) 223 13 31 - www.hutspotamsterdam.com - lun.-sam. 1h-19h, dim. 12h-18h.* Tout est à vendre dans ce vaste espace : design, vêtements, déco, photo, alimentation, etc. l'enseigne laisse sa chance à tous les créateurs. Agréable café à l'étage.

Enfants

50 De Kinderfeestwinkel – ***C7*** - *Gerard Doustraat 65 - Tram 16, 24 - (020) 672 22 15 - http://kinderfeestwinkel.nl - mar.-vend. 11h-18h, sam. 10h-17h.* Une caverne d'Ali Baba qui déborde de gadgets, jeux et déguisements.

JODENBUURT ET OOSTERDOK

Plan de quartier p. 65

Marché

51 Waterlooplein markt – ***D4*** - *Waterlooplein - M Waterlooplein - www.waterloopleinmarkt.nl - lun.-sam. 9h-17h.* Bibelots nostalgie, fripes... ce marché aux puces est un paradis pour chineurs depuis la fin du 19e s.

Diamants

52 Gassan Diamonds – ***D4*** - *Nieuwe Uilenburgerstraat 173-175 - M Waterlooplein - (020) 622 53 33 - www.gassan.com - 9h-17h30. Visite guidée gratuite d'env. 30mn (plusieurs langues).* Cette taillerie de diamants historique (*p. 63*) occupe une bâtisse monumentale surmontée d'une haute cheminée en brique. Lors du parcours guidé, à but avant tout commercial, vous pourrez observer le travail des tailleurs.

Design

53 Pol's Potten – ***G2*** - *KNSM-laan 39 - Tram 10, 26 - (020) 419 35 41 - www.polspotten.nl - mar.-sam. 10h-18h, dim. 12h-17h.* Important show-room de design au cœur du laboratoire architectural de l'ancienne zone portuaire. D'autres belles boutiques de design vous attendent sur le même trottoir.

Sortir

L'éclectique programmation culturelle est à la hauteur de cette capitale multiple. Les lieux de sorties se répartissent dans tout le centre-ville avec une forte concentration autour de **Leidseplein** (*p. 43*) et **Rembrandtplein** (*p. 39*), où bars gay et clubs se concentrent.
Tous les événements (musique, théâtre, cinéma, fête) sont détaillés dans le mensuel *Time Out Amsterdam*. Vous pouvez acheter vos tickets auprès du bureau de l'**AUB** (Amsterdams Uitburo - *Leidesplein 26 - lun.-sam. 10h-19h30, dim. 12h-18h*).
Repérez les adresses ci-dessous sur le plan détachable, à l'intérieur de la couverture, grâce aux pastilles numérotées (ex. 1).

CENTRE HISTORIQUE ET QUARTIER ROUGE

***Plan de quartier* p. 16-17**
Non loin du Spui, les ruelles Voetboogstraat et Handboogstraat, surnommées De Steeg (« l'allée »), rassemblent des clubs et bars étudiants réputés pour leurs concerts rock, jazz, blues, salsa, etc.

1 **Frascati** – **C4** - *Nes 63 - Tram 4, 9, 14 - (020) 638 33 49 - www.frascatitheatre.nl.* Depuis les années 1960, des dizaines de talents ont éclos sur cette scène où artistes de rue ou traditionnels se rencontrent. Danse, DJ's, théâtre...

2 **Supper Club** – **C3** - *Jonge Roelensteeg 21 - Tram 1, 2, 5 - (020) 344 64 00 - www.supperclub.nl - merc.-sam. 20h-1h.* Allongé à la romaine, vous savourez un dîner surprise rythmé par la musique des DJ's et entrecoupé de diverses performances. Le mot d'ordre de cette expérience : « tout peut arriver ». Ultra-branché et sur réservation uniquement!

3 **EYE** – **D1** - *IJpromenade 1 - accès en ferry de Centraal Station - (020)589 14 00 - www.eyefilm.nl.* Profitez de la riche programmation de l'Institut du cinéma sur un écran superbe au bord de l'IJ (*p. 51*).

LES CANAUX SUD

***Plan de quartier* p. 38**

4 **Escape** – **C4** - *Rembrandtplein 11 - Tram 4 - (020) 622 11 11 - www.escape.nl - jeu.-dim. 23h30* - Vaste discothèque aux soirées techno et house menées par des DJ's du monde entier.

5 **Jimmy Woo Club** – **B5** - *Korte Leidsedwarsstraat 18 - Tram 1, 2, 5, 7, 10. BUS 170, 172, 142 - (020) 626 31 50 - www.jimmywoo.com - jeu.-dim. 23h-3h (vend. et sam. 4h).* Un parfum d'Orient pour ce club et bar lounge ultra6glamour.

6 **Melkweg** – **B5** - *Lijnbaansgracht 234 A - Tram 1, 2, 5, 7, 10 - (020) 531 81 81 - www.melkweg.nl - horaires et tarifs selon programmation.* La « voie lactée » est un centre multiculturel alternatif très dynamique (concerts, cinéma, danse), aménagé dans une ancienne laiterie.

Le Melkweg, centre culturel alternatif

Melkweg
melkweg

7 Paradiso – **B5** - *Weteringschans 6-8 - Tram 1, 2, 5, 7, 10 - ✆ (020) 626 45 21 - www.paradiso.nl - horaires et tarifs selon programmation.* Ancienne église néogothique convertie en salle de concert depuis 1968, le Paradiso est un nom mythique pour les amateurs de rock-pop et de techno. Il accueille tout type de concerts, des grandes stars internationales aux DJ's locaux.

21 Café Bourbon Street – **B5** - *Leidsekruisstraat 6 - Tram 1, 2, 5, 7, 10 - ✆ (020) 623 34 40 - www.bourbonstreet.nl - 22h-4h ou 5h.* Des concerts 7 j./7 (jazz, rock, blues) à écouter collés-serrés les soirs de week-end de préférence.

9 Tuschinski Theater – **C4** - *Regulierbreestraat 26-34 - Tram 4 - ✆ (020) 626 26 33 - www.pathe.nl/tuschinski.* Films en VO à découvrir dans un superbe cinéma Art nouveau.

20 Air – **D4-5** - *Amstelstraat 16 - Tram 4 - ✆ (020) 820 06 70 - www.air.nl - jeu.-sam. 23h-4h ou 5h.* Le club house et techno le plus branché (donc coûteux...) du « quartier de la nuit ».

8 Trouw Amsterdam – **E7** - *Wibautstraat 127 - ✆ (020) 463 77 88 - www.trouwamsterdam.nl - Tram 3, 51 ; BUS 359 ; M Wibautstraat - vend. et sam. à partir de 22h30 (selon programmation).* L'un des clubs les plus branchés de la ville est installé dans les anciens locaux du quotidien *Trouw*.

JORDAAN ET WESTERDOK

Plan de quartier p. 47

13 Maloe Melo – **B4** - *Lijnbaansgracht 163 - Tram 7, 10, 14 - ✆ (020) 420 45 92 - www.maloemelo.nl - 21h-3h, vend.-sam. 21h-4h.* Petit club de blues très réputé.

Westergasfabriek – ***Hors plan*** - *Haarlemmerweg 8 - Tram 10 - ✆ (020) 586 07 10 - www.westergasfabriek.nl.* Cette usine à gaz du 19e s. a été reconvertie en vaste parc culturel (cinéma, clubs, concerts...) devenu le nouveau pôle des nuits locales.

QUARTIER DES MUSÉES

Plan de quartier p. 54-55

15 Concertgebouw – **B7** - *Concertgebouwplein 2 - Tram 2, 5 - ✆ (020) 573 05 73 - vente de billets sur place ou par téléphone ✆ 0 900 671 83 45 - www.concertgebouw.nl.* Le temple de la musique classique à Amsterdam.

DE PIJP

Plan de quartier p. 54-55

10 De Badcuyp – **C6** - *Eerste Sweelinckstraat 10 - Tram 3, 4, 12, 16, 25 - ✆ (020) 675 96 69 - www.badcuyp.org - mar.-jeu. 11h-1h, vend.-sam. 11h-3h - fermé en août.* Ce petit café-concert du très cosmopolite quartier De Pijp attire une clientèle fidèle grâce à sa programmation de musiques du monde.

PLANTAGE - OOSTERDOK

Plan de quartier p. 65

16 Arena – **E5** - *'S Gravesandestraat 51 - Tram 3, 6, 9, 14 - ✆ (020) 850 24 00 - www.hotelarena.nl - se renseigner pour les horaires.* Le club de l'hôtel Arena doit sa notoriété à la superbe chapelle qui lui sert de cadre et à sa programmation : DJ's locaux et internationaux, soirées 80's, 90's, salsa, électro, pop, etc.

17 **Muziekgebouw aan't IJ** – **E2** - *Piet Heinkade 1 - Tram 25, 26 - ✆ (020) 788 20 10 - www.muziekgebouw.nl.* Cette salle de concert aux lignes contemporaines (2005) s'adresse en priorité aux amateurs de musique classique et contemporaine.

18 **Bimhuis** – **E2** - *Piet Heinkade 3 - Tram 25, 26 - ✆ 788 21 88 - www.bimhuis.nl.* Une référence pour les soirées jazz.

19 **Panama** – **FG3** - *Oostelijke Handelskade 4 - Tram 26 - ✆ (020) 311 86 86 - www.panama.nl - horaires variables selon programmation.* Installé dans une centrale électrique désaffectée, le restaurant-théâtre-club (soirées latino-caribéenne, funk, techno, jazz) a inscrit les îles orientales sur les cartes des noctambules amstellodamois.

JODENBUURT - AMSTEL

***Plan de quartier** p. 65*

11 **Het Muziektheater (Stopera)** - **D4** - *Amstel 3 - M Waterlooplein - ✆ (020) 625 54 55 - www.hetmuziektheater.nl.* Grands spectacles d'opéra et de ballet ; le Nederlandse Opera, le Nationale Ballet et le Nederlands Dans Theater s'y produisent régulièrement (*p. 62*).

12 **Koninklijk Theater Carré** – **D5** - *Amstel 115-125 - Tram 7, 10 - ✆ 0900 25 25 255 - www.carre.nl.* Grands spectacles lyriques ou musicaux dans le cadre prestigieux d'un ancien cirque du 19e s.

B.Perrousse / hemis.fr

Muziekgebouw, salle de concert par 3XN Architects.

Se loger

Le bruyant centre historique compte nombre d'établissements. Mais pour plus de charme et de confort, préférez la Ceinture de canaux, le Jordaan et le quartier des musées.

Se loger dans cette ville de tourisme et d'affaires revient cher quel que soit le type d'établissement – il est en effet difficile de trouver un logement décent à moins de 100 € la chambre double. Les tarifs, plus bas en semaine, peuvent néanmoins chuter de 30 % en basse saison. Les meilleures offres sont prises d'assaut, il est donc vivement conseillé de réserver longtemps à l'avance. Consultez les sites des hôtels ou :

www.visitamsterdam.co.uk : service de réservation de l'office de tourisme (en anglais).

www.lindbergh.nl : réservations de dernière minute (en anglais).

www.weekendhotel.nl : hôtels, appartements, houseboats, B & B (en anglais).

www.bedandbreakfast.eu : une large sélection de B & B dans toute l'Europe.

www.frederic.nl : le loueur de vélos Frederic Rent a Bike *(voir p. 122)* propose également différents types d'hébergement (chambre, appartement, péniche).

Les prix mentionnés ici indiquent une fourchette pour une chambre double en haute saison.

Repérez les adresses ci-dessous sur le plan détachable, à l'intérieur de la couverture, grâce aux pastilles numérotées (ex. 1).

CENTRE HISTORIQUE

21 **The Exchange** – **C3** - *Damrak 50 - ☎ (020) 561 36 99 - www.hoteltheexchange.com - 61 ch.* Invisible entre les enseignes à néons de Damrak, cet hôtel ouvert par l'équipe du Lloyd propose des chambres de 1 à 5 étoiles imaginées par de jeunes designers.

De 80 à 120 €

19 **CC Hotel** – **D2-3** - *Warmoesstraat 42 - ☎ (020) 527 00 27 - www.hotelcc.nl - 81 ch.* Déco design, prix raisonnables et chambres relativement calmes (mais pour certaines minuscules) font de cet hôtel proche de la gare centrale une bonne adresse. Certaines chambres donnent sur Damrak et son canal.

22 **Eureka** – **C4** - *'s Gravelandsveer 3 - ☎ (020) 624 66 07 - www.amsterdamhouse.com - 18 ch.* Central, chaleureux et bien tenu, ce petit hôtel fait l'unanimité auprès de sa clientèle de fidèles.

Luxe

1 **Grand Hotel Amrâth** – **D3** - *Prins Hendrikkade 108 - ☎ (020) 552 00 00 - www.amrathamsterdam.com - 165 ch. -* ☐. Le fleuron de l'école d'Amsterdam, jadis siège des compagnies de navigation, abrite un hôtel admirable. Les immenses volumes, les verrières aux décors marins et la salle des coffres devenue cave à vins, impressionnent autant que le confort des chambres.

LES CANAUX NORD

De 80 à 120 €

3 Brouwer – **C2** - *Singel 83 - ☏ (020) 624 63 58 - www.hotelbrouwer.nl - 8 ch.* - ⊭. Une maison de canal (1652) au charme fou, des chambres meublées à l'ancienne et ouvertes sur le canal, des planchers patinés, des carreaux de Delft, un accueil adorable…

16 Truelove Antiek & Guest House – **C2** - *Prinsenstraat 4 - ☏ (020) 320 25 00 - www.cosyandwarm-amsterdam.com - 16 ch. et appart.* Dans d'agréables studios ou dans les jolies chambres aménagées au-dessus du magasin d'antiquités des propriétaires, vous passerez un séjour calme et relativement confortable.

De 120 à 200 €

17 Wiechmann **B4** *Prinsengracht 328-332 - ☏ (020) 626 33 21 - www.hotelwiechmann.nl - 37 ch.* En bordure du Jordaan, trois maisons des 18ᵉ et 19ᵉ s., au cadre romantique avec meubles d'époque. On s'y sent « comme à la maison » et l'on profite, au petit-déjeuner, d'une belle salle sur le canal.

Luxe

5 The Dylan – **B4** - *Keizersgracht 384 - ☏ (020) 530 20 10 - www.dylanamsterdam.com - 40 ch.* Création de Anouska Hempel, cet hôtel de luxe relève de l'œuvre d'art. Matériaux, formes, couleurs et atmosphère ont été étudiés pour obtenir ce petit bijou design, teinté d'une note asiatique.

LES CANAUX SUD

De 120 à 200 €

10 NL-Hotel – **B5** - *Nassaukade 368 - ☏ (020) 689 00 30 - www.nl-hotel.com - 13 ch.* Cet hôtel design proche du Jordaan dispose de chambres conçues avec beaucoup de style par le designer néerlandais Edward van Vliet. Douillettes et variées, elles sont parfois étroites. La n° 4 bénéficie d'un petit jardin zen, la n° 5 d'une terrasse. Demandez à les voir avant pour vous assurer de leur confort (inégal).

23 Boutique Hotel View – **B5** - *Leidsekade 77 - ☏ (020) 528 96 68 - www.boutiquehotelview.nl - 14 ch.* Cet hôtel contemporain, coloré et confortable (évitez les plus petites chambres et les annexes) jouit d'une position enviable entre le centre-ville et les grands musées.

Luxe

2 Amstel – **D6** - *Prof. Tulpplein 1 - Tram 7, 10 - ☏ (020) 622 60 60 - www.amsterdam.intercontinental.com - 55 ch. et 24 suites* - 🏊. Cette adresse prestigieuse domine les rives de l'Amstel depuis le 19ᵉ s. Les parties communes, salons et bibliothèque respirent le luxe et chacune des vastes chambres est somptueusement meublée. Le service, à la hauteur des lieux, attire les « grands » de ce monde…

JORDAAN ET WESTERDOK

De 80 à 120 €

18 Van Onna – **B3** - *Bloemgracht 102-108 - ☏ (020) 626 58 01 - www.hotelvanonna.com - 41 ch.*

Une adresse abordable située au bord de l'un des plus jolis canaux du Jordaan. Chambres doubles, triples ou quadruples, toutes équipées d'une douche. L'ensemble est assez simple et les chambres un peu exiguës, mais de bonne tenue. Pour plus de charme et d'espace, demandez les chambres sous les combles *(attic rooms)*.

De 120 à 200 €

24 **Sebastian's** – **C2** - *Keizergracht 15 - ✆ (020) 423 23 42 - www.hotelsebastians.nl - 34 ch.* Dans une belle maison de canal, des chambres aux tons chauds et rassurants, extrêmement confortables et bien pensées. Pour encore plus de confort, voyez **The Toren** *(www.thetoren.nl)* signé par les mêmes designers.

25 **Aitana Room-Mate Hotel** – **C1** - *IJDok 6 - ✆ (020) 891 48 00 - www.room-matehotels.com - 248 ch.* Sur une île artificielle à 500 m de la gare centrale, cet hôtel ouvert fin 2013 ravira les amateurs de l'Amsterdam moderne. La façade vitrée de l'immeuble offre de belles vues sur l'IJ. L'intérieur, signé Tomás Alía, est coloré, surprenant et réussi. Restaurant le long de la marina.

NOORD

De 120 à 200 €

Brooklyn Hotel – ***Hors plan (C2 en direction)*** - *NDSM Plein 28 - ✆ (020) 722 06 66 - www.brooklynhotel.nl - 88 ch.* Ouverte en 2014, cette tour sur les quais du NDSM (ancien site de construction navale) s'élève entre grues, containers et bateaux. Confort cosy, couleurs chaudes et pour une grande partie des chambres une vue formidable sur l'IJ et la ville au loin. Accès facile et gratuit en ferry depuis Centraal Station (dir. NDSM). Une vraie expérience!

QUARTIER DES MUSÉES ET DE PIJP

De 120 à 200 €

6 **De Filosoof** – ***A6*** - *Anna van den Vondelstraat 6 - ✆ (020) 683 30 13 - www.hotelfilosoof.nl - 38 ch.* Un hôtel de charme, cosy et intimiste à souhait, en bordure du Vondelpark. Chaque chambre est personnalisée et baptisée du nom d'un auteur ou d'un thème philosophique. Jardin et véranda. Attention néanmoins, certaines chambres sont un ton en dessous... demandez si possible à les voir avant de vous installer.

14 **Frederik Park House** – ***D5*** - *Frederiksplein 22 - Tram 4, 6, 7 - ✆ (020) 420 77 26 - www.frederikparkhouse.com - 4 ch.* Cette demeure aux beaux volumes abrite quatre vastes et confortables chambres (2-3 pers.), au décor mêlant tradition et modernité. Notre préférée est la « Loft suite », avec poutres apparentes et petite terrasse privative. Les autres clients peuvent profiter de la terrasse commune installée sur le toit. Accueil en français.

27 **Sir Albert** – ***C7*** - *Albert Cuypstraat 2 - Tram 16 - ✆ (020) 305 30 20 - www.siralberthotel.com - 90 ch.* À défaut d'être original, ce boutique-hotel luxueux offre une halte idéale dans l'agréable et coloré quartier De Pijp.

Mirjam Bleeker

Lloyd Hotel, chambre 3 étoiles.

PLANTAGE ET OOSTERDOK

De 20 à 40 € par personne

13 **Stayokay Zeeburg** - **G5** - *Timorplein 21* - BUS *22* - *(020) 551 31 90* - *www.stayokay.com*. Cette auberge de jeunesse aménagée dans une ancienne école ne compte pas de dortoirs mais des chambres pour 2 à 8 pers., à partager en famille ou entre amis. Décor moderne pétillant.

De 80 à 400 €

7 **Lloyd Hotel** - **G3** - *Oostelijke Handelskade 34* - Tram *26*- *(020) 561 36 36* - *www.lloydhotel.com* - *117 ch.* - P. Établi dans un ancien centre d'accueil pour émigrants, cet établissement atypique propose des chambres classées de 1 à 5 étoiles. Toutes différentes, elles sont réparties autour d'un puits de lumière et d'une « ambassade culturelle », et offrent bien des surprises (les suites ont été aménagées par des designers de renom). Un concept inédit pour un séjour hors des sentiers battus !

Amsterdam pratique

Tous en selle.
A.Cavalli / age fotostock

Préparez votre voyage

FORMALITÉS D'ENTRÉE

Les citoyens de l'Union européenne, tout comme les Suisses, doivent être en possession d'une carte d'identité ou d'un passeport en cours de validité. Pour les Canadiens effectuant un séjour de moins de 3 mois, le passeport suffit. Informations sur le site de l'ambassade de France : **www.amb-pays-bas.fr** et sur celui du ministère néerlandais des Affaires étrangères : **www.minbuza.nl**.

ALLER EN AVION

Les avions atterrissent à l'aéroport de **Schiphol** (*p. 3*).

Compagnies régulières

Air France – ✆ 36 54 (0,34 €/mn) - www.airfrance.fr. Vols de Paris (6-16 vols/j.), Lyon, Bordeaux, Marseille, Toulouse, Montpellier, Nice, Strasbourg, Nantes et Clermont-Ferrand. Vols pour certains effectués par la filiale **Hop!** (✆ 0825 30 22 22 - www.hop.fr).
KLM – ✆ 0 892 702 608 (0,34 €/mn) - www.klm.fr. Mêmes liaisons qu'Air France et vols de Genève, Zurich et Bruxelles.
Swiss International Airlines – ✆ 0 892 232 501 (0,34 €/mn) - www.swiss.com. Vols quotidiens de Zurich.

Compagnies à bas prix

Easy Jet – www.easyjet.com. Vols de Bordeaux, Bâle-Mulhouse et Genève.
Transavia – ✆ 0 892 058 888 (0,34 €/mn) - www.transavia.com. Liaisons avec Ajaccio, Chambéry et Nice.
Consultez **www.flylc.com**, le moteur de recherche des compagnies « low cost ».

ALLER EN TRAIN

Le moyen le plus pratique et le plus rapide pour se rendre à Amsterdam! Réservez tôt pour bénéficier de tarifs avantageux.
Au départ de Paris-Gare du Nord, le **Thalys** relie la gare centrale d'Amsterdam (*p. 3*) en 3h18, à raison d'env. 6 AR/j. via Bruxelles-Midi, Anvers et Rotterdam. Départs également de Lille Europe.
Vous pouvez aussi prendre le **TGV** de nombreuses villes françaises vers Bruxelles, puis faire une liaison avec les **trains Intercity** (ttes les h, de 6h à 21h, en 2h50 avec 1 changement à Rotterdam en attendant la reprise de trains directs).
SNCF – ✆ 36 35 (0,34 €/mn) - www.voyages-sncf.com.
SNCB – www.b-rail.be.

ALLER EN AUTOCAR

La compagnie **Eurolines** (✆ 0 892 899 091 (0,34 €/mn) - www.eurolines.fr) assure plusieurs trajets quotidiens entre la gare routière de Paris-Bagnolet et Amsterdam (*p. 3*). Comptez 8h et environ 40 € l'aller. Départ également depuis la province et certaines villes belges (www.eurolines.be).
Les IDbus de la SNCF desservent Amsterdam au départ de Paris-Bercy,

Paris CDG, Lille et Bruxelles. www.idbus.com. Comptez 35 à 45 € l'aller au départ de Paris.

ARGENT

Les Pays-Bas ont adopté l'**euro**.
Les **cartes de crédit** internationales sont acceptées dans les commerces, hôtels et restaurants. Les *guesthouses* et certains petits établissements demandent à être payés en liquide ou acceptent votre carte moyennant un supplément.
Les **chèques de voyage** peuvent être changés dans les banques et bureaux de change, omniprésents autour de la gare, tout comme les distributeurs automatiques.
« Banques » p. 112.
Budget et tarifs réduits – Le coût de l'hébergement et de la restauration est assez élevé. Concernant les visites et vos déplacements, des forfaits et cartes permettent de réduire les dépenses. *« Visites » p. 122 et « Transports en commun » p. 119.*
Les **étudiants** se muniront de la carte ISIC pour bénéficier de tarifs réduits.

SAISONS

Amsterdam bénéficie d'un climat océanique tempéré. Le printemps et l'été sont les meilleures périodes pour visiter la ville même si, en juillet-août, il faudra compter avec les longues files d'attente devant les musées.
En avril et mai, vous pourrez partir admirer les champs de fleurs au sud de Haarlem. L'automne est pluvieux. Noël, quoique romantique, est une période chargée, comme Pâques et le Jour du roi (27 avr.).
Prévisions – www.meteofrance.com

POUR EN SAVOIR PLUS

Office néerlandais du tourisme – www.holland.com. Il n'est pas ouvert au public, mais envoie des brochures sur demande (ou à télécharger sur Internet).
L'Atelier néerlandais – 121 r. de Lille - 75007 Paris - ✆ 01 53 59 12 40 - www.nlambassade.org. Lieu de rencontres culturelles (expos, cinéma...).

Offices du tourisme à Amsterdam (VVV)

✆ 31 (020) 702 6000 - www.iamsterdam.com. Tous les bureaux proposent de la documentation payante (cartes, guides...), l'I amsterdam City Card (*p. 122*), des visites guidées, des excursions et un service de réservation d'hôtels. Pour les horaires d'ouverture, variables selon les saisons, reportez-vous au site Internet.
VVV Stationsplein – Stationsplein 10, face à la gare centrale.
VVV Schiphol Plaza – Aéroport, Hall Arrivées 2.
Sachez que les guichets d'information face à la gare centrale sont souvent pris d'assaut.

Sites Internet

www.amsterdam.info/fr – Informations pratiques.
www.amsterdammuseums.nl – Guide de 35 musées. Site en anglais.
www.amsterdamhotspots.nl – Tout sur les lieux à la mode. Site en anglais.
www.leforum.nl – Forum des francophones aux Pays-Bas.
« Internet » p. 114.

Votre séjour de A à Z

ACHATS

Horaires – Lun. 12h-18h, mar.-sam. 10h-18h. Les boutiques du centre historique ferment à 21h le jeudi *(koopavond)*. De plus en plus de commerces ouvrent également le dim. apr.-midi. *« Nos adresses » p. 92.*

ADRESSES

Les rues bordant les canaux sont toujours numérotées en partant de la gare centrale et en tournant dans le sens inverse des aiguilles d'une montre.

BANQUES

Horaires – Lun. 13h-17h, mar.-vend. 9h-17h. Les bureaux de change **GWK** (gare centrale) ouvrent le w.-end.

CONSULATS

La plupart des ambassades siègent à La Haye et disposent d'antennes consulaires à Amsterdam.

Consulat de France – Vijzelgracht 2 - (020) 530 69 69 - www.consulfrance-amsterdam.org - lun.-vend. 9h-12h et jeu. 14h-17h.

Ambassade de Belgique à La Haye – Johan van Oldenbarneveltlaan 11 - (070) 312 34 56 - www.diplomatie.belgium.be. Consulat honoraire à Amsterdam – Dijsselhofplantsoen 7 - (020) 570 56 20.

Consulat du Luxembourg – Reimersbeek 2 - (020) 301 55 55 - lun.-vend. 9h-17h30.

Ambassade de Suisse à La Haye – Lange Voorhout 42 - (070) 364 28 31. Consulat à Amsterdam - De Lairessestraat 97 - (020) 717 34 16.

DROGUES

Toutes les drogues sont interdites, mais la législation locale distingue le cannabis des drogues dures.
La consommation et la vente de cannabis aux Pays-Bas ne sont pas « légalisées », seulement « tolérées ». Ainsi, la vente de cannabis est admise dans les **coffee-shops**, pour une quantité maximum de 5 g, et aux personnes de plus de 18 ans. Dans le cadre de la lutte contre les nuisances liées au tourisme de la drogue, la législation prévoit désormais un *wiet pass* (« carte cannabis ») limitant l'accès des coffee-shops aux seuls résidents des Pays-Bas. Cette loi déjà appliquée dans le sud du pays ne l'est pas encore à Amsterdam, où les autorités locales y sont pour le moment opposées. La situation étant susceptible de changer, tenez-vous informé sur le site de l'ambassade des Pays-Bas *(p. 111)*.

ÉGLISES

Rares sont les églises ouvertes au public, la plupart étant reconverties en salles de concert ou d'exposition.

ÉLECTRICITÉ

Mêmes caractéristiques qu'en France : 220 V et prises à deux fiches rondes.

HANDICAP

Les principaux musées et les transports publics d'Amsterdam sont pourvus d'installations adaptées. Cependant, l'accès à certains d'entre eux, installés dans des demeures anciennes aux escaliers étroits, est difficile voire impossible (maison d'Anne Frank par exemple). Il en est de même pour la plupart des hôtels de gamme moyenne, disposant rarement d'un ascenseur. Le symbole international d'accessibilité (ITS) est attribué aux établissements disposant d'aménagements adaptés.

Association des paralysés de France – www.apf.asso.fr.
Access Able Travel Source – www.access-able.com. Liste d'hébergements, transports adaptés, etc.

HÉBERGEMENT

« Nos adresses » p. 104.

INTERNET

Tous les Amstellodamois ou presque sont équipés d'un réseau **WiFi**. Si vous possédez un ordinateur doté d'une carte WiFi, vous pourrez vous connecter sur les réseaux des hôtels moyennant parfois une modeste participation financière.
Les cafés Internet n'ayant plus grand intérêt, ils disparaissent peu à peu. **Wash@Net** *(Amstel 30, tlj 11h-20h)* est à mentionner pour son concept original de café Internet-laverie. La bibliothèque centrale, **OBA** *(p. 70)*, proche de la gare, est équipée de postes utilisables pour 1 €/30 min.

JOURS FÉRIÉS

1er janvier : Jour de l'an *(Nieuwjaarsdag)*.
Mars-avril : Vendredi saint *(Goede Vrijdag)* ; dimanche et lundi de Pâques *(Eerste en tweede Paasdag)*.
27 avril : Jour du roi *(Koningsdag)*, anciennement Jour de la reine.
5 mai : Jour de la Libération *(Bevrijdingsdag)*.
Mai-juin : Ascension *(Hemelvaartsdag)* ; dimanche et lundi de Pentecôte *(Eerste en tweede pinksterdag)*.
25-26 décembre : Noël *(Eerste en tweede kerstdag)*.

LANGUE(S)

Bien que tout le monde accepte volontiers de communiquer en anglais, quelques mots de néerlandais seront les bienvenus lors de vos rencontres.
Lexique dans le 2nd rabat de couverture.

LOISIRS

Patinage – Une passion séculaire ! Mais les canaux gelant moins en hiver, rendez-vous à la patinoire Jaap Eden Ijsbanen (Radioweg 64).
Roller – Rares sont les « rollermen » dans le centre pavé, mais ils

glissent dans le Vondelpark et s'y donnent rendez-vous le vendredi soir pour une randonnée d'environ 20 km, si le temps le permet (www.fridaynightskate.com).
Football – Pourquoi ne pas assister à un match de l'Ajax (*p. 143*) ?
Piscines – Mirandabad - De Mirandalaan 9 (tram 25) - (020) 546 44 44. Au sud de la ville, bassins extérieurs et intérieurs.
Sauna – Sauna Deco - Herengracht 115 - (020) 623 82 15 - www.saunadeco.nl. Superbe sauna Art déco, dont le mobilier provient du Bon Marché à Paris.
Plages – En moins de 30mn de train, vous pourrez rejoindre les plages de la mer du Nord et leurs longs cordons dunaires. Autre option pour les bains de soleil : les plages urbaines aménagées au bord de l'IJ, dans les anciennes zones industrielles. Ainsi Amsterdam Plage et Strand West sur les docks de l'Ouest *(Westerdok)* ou Blijburg (Haveneiland, IJburg) à l'extrémité est de la ville.

PHARMACIES

Horaires – Lun.-vend. 8h30-17h30. Services de garde affichés.

PHOTOGRAPHIE

La photographie est souvent réglementée à l'intérieur des musées et des monuments : observez bien les consignes indiquées à l'entrée.

POSTE

Les **timbres** sont en vente dans les bureaux de poste et chez les marchands de journaux. Comptez 1 € pour une lettre vers l'Europe au tarif prioritaire.
Horaires – Lun.-vend. 9h-18h. Bureau central (Singel 250) ouvert sam. 10h-13h30.

Pas de panique !

Appel d'urgence : 112
Urgences médicales : (020) 555 55 55
Médecin 24h/24 : (020) 592 34 34
Pharmacie 24h/24 : (020) 694 87 09
SOS dentiste : 0 900 821 22 30
Assistance touristique : (020) 625 32 46
Perte cartes bancaires : Téléphonez au n° fourni par votre banque pour faire opposition.
Visa : 0 800 022 31 10
MasterCard : 0 800 022 58 21
American Express : 020 504 86 66 ou (33) 1 47 77 72 00

POURBOIRE

Au restaurant, le service est compris dans l'addition, mais il est d'usage d'arrondir la note (5 à 10 % du montant).

PRESSE ET MÉDIAS

Publications en anglais

Time Out Amsterdam (mensuel 3,50 €) et son site www.timeout.com, et le magazine gratuit *A-Mag (tous les 2 mois)*, vous informeront des programmations du mois et de l'agenda événementiel, les nouveaux lieux de restauration, de sorties ou de shopping. Dutch News (www.dutchnews.nl) résume l'actualité du jour, en anglais.

Presse écrite

Les quotidiens étrangers sont disponibles dans les kiosques AKO de Centraal Station et dans les grandes librairies du centre-ville, notamment Athenaum (Spui 14-16) et The American Book Center (Kalverstraat 185).

Les Amstellodamois lisent *De Telegraaf* (www.telegraaf.nl), 1er quotidien national, tendance conservatrice, *De Volkskrant* (www.volkskrant.com), 2e journal du pays de tendance centre-gauche, et *Het Parool* (www.parool.nl), quotidien local dont le supplément du samedi (PS) donne une liste de spectacles.

Télévision

Aux Pays-Bas, Il existe neuf grandes chaînes de télévision : Nederland 1, NOS 2, NOS 3, SBS 6, V8, Veronica, TV 10, RTL Nieus, DDS. Amsterdam reçoit aussi AT5 (information locale), Salto (programmes culturels) et Migranten TV (chaîne turque). La plupart des chaînes diffusent les productions étrangères en version originale. La chaîne francophone TV5 est diffusée dans la plupart des hôtels (www.tv5.org).

Radio

Amsterdam capte plusieurs chaînes de radio nationales comme Radio 1 (98.9 FM), Radio 2 (92.6 FM), Radio 3 (96.3 FM) et Radio 5 (108 FM), qui émettent régulièrement des bulletins d'information. Vous pourrez capter plusieurs radios internationales comme RFI (98,5 FM - www.rfi.fr).

Toutes les **infos utiles** sur la destination en quelques clics ! Sites touristiques, restaurants, hôtels, trafic, stations essence, parkings, météo : découvrez notre **carte Michelin interactive** en scannant le QR Code ci-dessus.

RESTAURATION

Les restaurants proposent des menus avantageux le midi en semaine. Mais à cette même heure, les *eetcafés* offrent aussi une excellente alternative (largement adoptée par tous les Amstellodamois). Nombre de restaurants n'ouvrent d'ailleurs qu'en soirée. On dîne tôt (dès 18h) et les cuisines ferment vers 21h30. Enfin, l'eau plate n'est jamais gracieusement servie en carafe.

« Pourboire » p. 115 et « Nos adresses » p. 80.

SAVOIR-VIVRE

En marchant – Tâchez de repérer rapidement les pistes cyclables et de ne pas les emprunter si vous ne voulez pas rencontrer brutalement un Amstellodamois lancé sur son vélo...

Invitation – Si vous êtes invité chez un Néerlandais, soyez ponctuel et offrez

des fleurs, même à des hommes, ou une bouteille de vin. N'oubliez pas que l'on dîne tôt et déchaussez-vous avant d'entrer. Dans les familles calvinistes, le dimanche est un jour sacré, aucune invitation ne sera proposée ce jour.

Premiers contacts – Si au premier abord les Néerlandais donnent l'impression d'être plutôt indifférents à leurs semblables, interprétez ce comportement comme une forme de tolérance héritée du protestantisme. Toutefois, si vous empiétez sur le domaine privé et si votre attitude est considérée comme « asociale », on vous rappellera à l'ordre sans complexe. En revanche, il n'existe pas de protocole vestimentaire particulier.

Questions d'argent – Aux Pays-Bas, tout service se monnaye (toilettes publiques par exemple). Et sachez qu'au restaurant, on paye souvent « à la hollandaise », c'est-à-dire chacun sa part.

TABAC

Depuis juillet 2008, la cigarette est interdite dans les lieux publics (bars, restaurants, hôtels). Il est théoriquement interdit de fumer du tabac dans les coffee-shops.

TAXI

Même s'il est possible de héler les taxis, mieux vaut les réserver par téléphone, ou à partir d'une borne (Rembrandtplein, Leidseplein, Centraal Station, etc.). Une course en taxi coûte 2,83 € pour la prise en charge et 2,08 € par kilomètre parcouru. **Contact** - ☏ (020) 777 77 77 (24h/24) - www.tcataxi.nl. Autres prestataires sur www.iamsterdam.com. En cas de plainte : ☏ 0900 202 1881.

TÉLÉPHONE

De l'étranger vers Amsterdam

☏ 00 + 31 (indicatif du pays) + indicatif local sans le 0 (20 pour Amsterdam) + numéro de votre correspondant. L'indicatif local pour Amsterdam est indiqué entre parenthèses dans ce guide.
Les numéros de portables commencent par 06, les numéros verts par 0800, les numéros payants par 0 900, 0 190 et 0180.

D'Amsterdam vers l'étranger

☏ 00 + indicatif du pays (33 pour la France et Monaco, 32 pour la Belgique et 41 pour la Suisse) + numéro de votre correspondant (sans le 0 pour la France).

Téléphones publics

Ils sont reconnaissables à leur couleur verte et fonctionnent avec des pièces ou des cartes téléphoniques, vendues dans les postes et bureaux de tabac. Les appels après 20h sont moins chers.

Téléphones portables

Si vous comptez utiliser votre téléphone portable, pensez à faire activer l'option internationale auprès de votre opérateur avant le départ. Pour un long séjour, il est plus judicieux d'acheter sur place une carte SIM qui vous donnera un n° local.

TOILETTES

La plupart des toilettes publiques sont payantes, y compris celles des cafés!

TRANSPORTS EN COMMUN

Vous les utiliserez rarement pour un court séjour, car les sites d'intérêt sont regroupés dans le (petit) centre-ville.

Réseau

Le réseau des tramways, bus et métro d'Amsterdam est géré par la société **GVB**, dont les bureaux sont situés devant Centraal Station (Stationsplein 10 - ✆ 0900 80 11 - www.gvb.nl - lun.-vend. 7h-21h, w.-end 8h-21h). Vous pouvez vous y procurer les titres de transport et le plan des lignes qui, pour la plupart, ont pour terminus Centraal Station. Le réseau du **métro** amstellodamois, en plein chantier, ne compte encore que quatre lignes (cinq en 2017, avec une nouvelle ligne qui desservira De Pijp, Rokin, Centraal Station et Noord), utiles pour se rendre dans les banlieues sud. Le **tram** en revanche est le moyen de transport en commun le plus utilisé. En circulation de 6h à 0h30 avant d'être relayé par des bus de nuit qui passent par Centraal Station. Les **bus** servent à rejoindre les quartiers éloignés. L'Opstapper (tlj sf dim. 7h30-18h30) est le seul bus à circuler le long de la Ceinture de canaux.

Plan au dos du plan détachable.

Tarifs et forfaits

Les titres de transport, outre les bureaux du GVB, sont en vente dans les machines du métro, les trams et les offices de tourisme. Si vous n'avez pas opté pour la **I amsterdam Card** (*p. 122*), vous pourrez acheter une **carte OV-chipkaart** de la GVB (*p. 3*) valable pour une personne de 1h (2,80 €), 24h (7,50 €), 48h (12 €), 72h (16,50 €) jusqu'à 7 jours (32 €), qui permet de voyager de façon illimitée avec le tram, le bus et le métro. Elle s'active lors de la première utilisation. Attention : il faut valider votre carte à chaque montée et descente (sinon le décompte de la carte s'épuise). Elle existe également en version rechargeable.

Trains

Vous les emprunterez pour vos excursions hors de la capitale. Ils sont fréquents, rapides et partent de Centraal Station (www.ns.nl, en anglais).

TRANSPORTS SUR L'EAU

Croisières sur les canaux

Embarquement possible à toute heure de la journée, mais il y a moins de monde en fin d'après-midi ou en début de soirée. Les compagnies à la sortie de Centraal Station proposent des croisières d'une heure (env. 15 €/pers.). Commentaires en plusieurs langues. Croisières de jour, de nuit, sur les canaux ou l'IJ, avec dîner, etc.

Holland International – Prins Hendrikkade 33a - ✆ (020) 217 05 01 - www.canal.nl - 9h-21h.

Blue Boat Company – Stadhouderskade 30 - ✆ (020) 679 43 62 - www.blueboat.nl (en anglais) - 10h-20h30.

Lovers – Prins Hendrikkade 25 - ✆ (020) 530 10 90 - www.lovers.nl- 9h-21h.

Canal-bus et Museumboot

Ils permettent d'emprunter à volonté un parcours préétabli desservant les principaux sites touristiques. Le ticket est valable toute la journée.

Canal-bus – Wetteringschans 24 - ✆ (020) 217 05 00 - www.canal.nl (en anglais). Quatre lignes (22 à 33 € pour 24 à 48h – moins cher si acheté en ligne).

Museumboot (*Lovers ci-dessus*) dessert 12 arrêts, forfait journée 21 €/pers. et réductions pour les musées (ou 29,95 € avec admissions aux musées).

Ferries

Derrière Centraal Station, des ferries gratuits de la GVB, pour piétons et cyclistes, font la navette avec le quartier d'Amsterdam-Noord, de l'autre côté de l'IJ.

Ferry IJ-buurtveer

Les dimanches d'été (de Pâques à oct. - 3 AR/j. au départ de Centraal Station - 7,50 €/pers. - www.move-amsterdam.nl), ce ferry embarque passagers et cyclistes à la découverte du port et des villages de la banlieue nord.

En pédalo

Canal-bike – ✆ (020) 217 05 00 - www.canal.nl - 10h-20h, 22h en été - 8 €/h, 14 €/2h. Location de pédalos (4 places) au départ de Leidseplein, du Rijksmuseum et de la maison d'Anne Frank.

En bus amphibie

The Floating Dutchman – ✆ (020) 530 10 90 - www.floatingdutchman.nl - mar.-dim. 11h, 14h, 17h - 22 € (4-12 ans 17 €). Le « Hollandais flottant » roule et vogue à travers Amsterdam. À l'origine, cette excursion insolite partait uniquement de l'aéroport. Il est possible de démarrer du Van Gogh Café, 25 Prins Hendrikkade (face à Centraal Station).

VÉLO (FIETS)

Vivez Amsterdam comme un véritable Amstellodamois ! Le **fiets** est le moyen de transport le plus rapide, le plus économique et le plus agréable. Complètement plat, le centre s'étend sur 5 km et la ville est dotée d'un réseau de pistes cyclables de quelque 400 km.

« Pour en savoir plus », p. 141.

Conseils

Pédaler à Amsterdam nécessite toute votre vigilance. Faites attention aux autres vélos, aux voitures et aux tramways, respectez les feux rouges, les priorités et les sens interdits. Veillez également à ne pas coincer vos roues dans les rails de tramway ! Il est interdit de se déplacer sans phares la nuit et de rouler à vélo dans les rues piétonnes (fortes amendes). Vous pouvez voyager avec votre vélo dans les trains en achetant un ticket spécial.

Se garer – Attention aux nombreux vols : attachez absolument votre vélo avec deux antivols, surtout la nuit. Essayez de respecter les interdictions

et utilisez en priorité les parkings à vélo.
Itinéraires – Faites confiance à votre instinct! Vous pouvez aussi acheter des cartes-itinéraires dans les offices de tourisme et sur www.cartovelo.com.

Location

Les prix tournent autour de 8-10 €/jour, selon que vous choisissiez un vélo à freins « traditionnels » (à la française) ou à rétropédalage (à la hollandaise). On vous demandera une pièce d'identité ou une caution, en liquide ou par carte bleue. L'assurance n'est pas toujours comprise dans le prix, mais elle est vivement conseillée. Vérifiez toujours bien l'état de votre vélo (freins, pneus, vitesses et sonnette) avant de partir.
Certaines compagnies proposent des **circuits guidés** de la ville et des environs (15-25 €/pers.).
Mac Bike – ✆ (020) 620 09 85 - www.macbike.nl - 9h-17h45. Cinq agences en centre-ville : Stationsplein 5 (devant la gare centrale); Weteringsschans 2 (près de Leidseplein); Nieuwe Uilenburgerstraat 116 (près de Waterlooplein), Marnixstraat 220 (dans Jordaan) et Oosterdokskade 149 (près de l'OBA). Propose aussi des circuits guidés : centre historique, urbanisme dans les îles de l'est, Waterland.
Damstraat Rent a Bike – Damstraat 20-22 - ✆ (020) 625 50 29 - www.rentabike.nl - 9h-18h. Vélos, tandems, trottinettes...
Frederic Rent a Bike – Brouwersgracht 78 - ✆ (020) 624 55 09 - www.frederic.nl - 9h-12h, 13h-18h. Loueur francophone.
Yellow Bike – Nieuwezijds Kolk 29 - ✆ (020) 620 69 40 - www.yellowbike.nl - 9h-17h. Location et circuits organisés.

VISITES

Tarifs

Les musées amstellodamois pratiquent des prix élevés (entre 6 et 15 €), hors réductions pour les enfants, les étudiants et les plus de 65 ans. Sachez que certains d'entre eux proposent parfois des tarifs réduits en cas d'achat en ligne sur leur site Internet. Ces derniers vous permettront également d'éviter la queue aux guichets.
Si vous comptez faire la tournée des musées, procurez-vous soit la Museumkaart soit la I amsterdam Card. Certains musées n'étant gratuits qu'avec l'une des deux cartes, programmez vos visites à l'avance pour choisir la formule la plus avantageuse pour vous.
I amsterdam City Card – www.iamsterdamcitycard.com. Cette carte à puce, valable 24h (42 €), 48h (52 €) ou 72h (62 €), donne accès aux principaux musées publics d'Amsterdam (Van Gogh Museum, Stedelijk Museum, Tropenmuseum, Rembrandthuis, Amsterdams Historisch Museum, etc.).
Cette carte donne aussi un accès illimité aux transports en commun de la GVB (*p. 119*), à une croisière d'une heure sur les canaux et à des réductions diverses. Elle est vendue

dans les bureaux de l'office de tourisme, certains hôtels et dans les guichets GVB.
Museumkaart – www.museumkaart.nl. Carte nominative valable un an qui donne accès à près de 400 musées néerlandais. Elle est vendue auprès des musées concernés (49,95 €/adulte plus 4,95 € de frais d'inscription lors de la 1re émission).
Museumplein Ticket – 90€ pour un an, entrée illimitée et coupe-file aux trois musées du Museumplein et à un concert au Concertgebouw.

Horaires

En règle générale, les musées ouvrent du lundi au samedi, de 10h à 17h, et le dimanche de 13h à 17h (18h pour les grands musées tels Rijksmuseum, Stedelijk Museum, Van Gogh Museum). Les billetteries ferment 30mn avant la fermeture.

VISITES GUIDÉES

Nombre d'agences proposent des visites guidées à la sortie de Centraal Station. Mais le plus simple est de se rendre à l'office de tourisme (*p. 111*) pour consulter toutes les offres et réserver. Leur brochure *Amsterdam Excursions* détaille les possibilités : à pied, à vélo, en bus, en skateboard, en bateau, de nuit, dans les environs, circuits thématiques, etc.
« Transports sur l'eau » p. 119 et « Vélo » p. 120.

Vous pouvez aussi télécharger des visites commentées de la ville sur votre MP3 ou votre téléphone mobile (iPhone, iPad, Android...), notamment sur les sites www.iamamsterdam.com, www.audiocitytours.com et www.walki-talki.com.

VOITURE

Stationnement

Le stationnement à Amsterdam est problématique et onéreux (payant de 9h à 19h, souvent jusqu'à minuit selon les quartiers, comptez 5 €/h et 55 €/j). Le paiement est numérique. Vous entrez votre numéro de plaque d'immatriculation dans le parcmètre, numéro qui devient votre preuve de paiement (plus de ticket). Attention, le règlement se fait uniquement par carte de crédit. Il existe cependant des parkings relais en périphérie, nommés **parkings P + R**, reliés au centre d'Amsterdam par les transports publics. Comptez 8 € pour 24h de stationnement, transport jusqu'au centre compris. Cliquez sur « Se garer » à la rubrique « Se déplacer » du site www.iamsterdam.com.

Auto-partage

Amsterdam s'est dotée d'un système de 300 voitures électriques en libre-service, appelé Car2go - www.car2go.com.

Agenda culturel

Le site de l'office de tourisme (p. 111). et la publication mensuelle *Time Out Amsterdam* (p. 100) vous tiennent au courant des programmations du mois et de l'agenda événementiel.

ÉVÉNEMENTS À VENIR

▶**27 avril 2015** : on fêtera pour la première fois le Jour du roi (anciennement Jour de la reine).

▶**12 février-17 mai 2015** (Rijksmuseum) : importante rétrospective de l'œuvre des dernières années de Rembrandt (de 1652 à 1669).

▶**16 octobre 2015-17 janvier 2016** (Rijksmuseum) : exposition sur le commerce entre Amsterdam et l'Asie au début du Siècle d'or.

RENDEZ-VOUS ANNUELS

Janvier-février-mars

▶**Nouvel an chinois**, défilé autour du Nieuwmarkt.

▶**Carnaval**, belle fête costumée.

▶**Pop Arts Festival**, festival international de marionnettes, en février. www.popartsfestival.nl.

▶**Stille Omgang**, dim. le plus proche du 15 mars, commémoration du miracle d'Amsterdam (p. 19). www.stille-omgang.nl (en anglais).

Avril

▶**Nationaal Museumweekend**, 2e w.-end, gratuité des musées publics.

▶**Bloemencorso**, w.-end fin du mois, corso fleuri de Noordwijk à Haarlem.

▶**Jour du roi** *(Koningsdag)*, 27 avr. La fête nationale la plus importante de l'année. Des milliers de jeunes vêtus en orange (couleur de la famille royale) affluent pour une fête gigantesque.

Mai

▶**Fête de la Libération** *(Bevrijdingsdag)*, le 5 mai, commémore la fin de l'occupation allemande de 1945.

▶**Journée des moulins** *(Nationale Molendag)*, 2e sam. de mai.

▶**Kunst Amsterdam**, une sem. fin mai ou début juin. Grande foire des arts contemporains au parc des expositions (RAI). www.kunstrai.nl (en anglais).

▶**Open Ateliers Jordaan**, w.-end de la Pentecôte, les artistes du Jordaan ouvrent leurs ateliers.

▶**Fête du hareng nouveau** *(nieuwe maatjes)*, le 31, dans tous les kiosques.

Juin-juillet

▶**Amsterdam Open Air**, 1er w.-end de juin, au Gaasperpark, festival électro. www.amsterdamopenair.nl.

▶**Openluchttheater Vondelpark**, juin-août, merc.-dim. Théâtre de plein air du Vondelpark : concerts et spectacles gratuits. www.openluchttheater.nl (en néerlandais).

▶**Open Garden Days**, 3e w.-end de juin, les belles demeures historiques et leurs jardins font portes ouvertes. www.opentuinengarden.nl.

▶**Amsterdam Roots**, juin-juil., Oosterpark, festival de musiques du monde. www.amsterdamroots.nl (en anglais).

▶**Holland Festival**, le plus grand festival culturel du pays : concerts, opéras, ballets, etc., dans les théâtres. www.hollandfestival.nl (en anglais).

Août

▶**Gay Pride**, 1er w.-end, grande parade sur les canaux. www.amsterdamgaypride.nl (en anglais).

▶**De Parade**, 1re quinz., Martin Luther King Park, festival inspiré des cirques traditionnels. www.mobilearts.nl (en anglais).

▶**Festival des canaux** *(Grachtenfestival)*, 3e sem., festival de musique classique autour de la Ceinture de canaux. www.grachtenfestival.nl (en anglais).

▶**Uitmarkt**, le dernier w.-end, marque le début de la nouvelle saison culturelle : concerts et spectacles gratuits sur les places de la ville. www.uitmarkt.nl (en néerlandais).

Septembre-octobre

▶**Journées du patrimoine** *(Open Monumentendag)*, 2e w.-end de sept. www.openmonumentendag.nl (en anglais).

▶**Jordaan Festival**, un w.-end mi-sept., marché, spectacles de rue, concerts dans le Jordaan. www.jordaanfestival.nl (en néerlandais).

▶**Amsterdam Dance Event**, un w.-end fin oct., grand festival de musique électronique dans trente clubs de la ville. www.amsterdam-dance-event.nl (en anglais).

Novembre-décembre

▶**Festival du cannabis** *(High Times Cannabis Cup)*, fin nov., forums, concerts et concours. www.cannabiscup.com (en anglais).

▶**Parade de Saint-Nicolas** *(Sinterklaas Intocht)*, 2e quinz. de nov., grand défilé fêtant saint Nicolas, patron des marins et ancêtre du Père Noël.

▶**International Documentary Film Festival**, 2e quinz. de nov. La grand-messe internationale du documentaire. www.idfa.nl (en anglais).

▶**Saint-Nicolas** *(Sinterklaas)*, 5-6 déc., dans la nuit saint Nicolas apporte ses cadeaux aux enfants.

▶**Nouvel an**, 31 déc., après minuit, la foule s'empare du Dam, de Leidseplein, de Rembrandtsplein et du Nieuwmarkt.

EXPOS TEMPORAIRES

Amsterdam vit au rythme d'expositions variées et de grande qualité, souvent abritées dans des lieux superbes. Ainsi : **Beurs van Berlage** *(p. 18)* et **Nieuwe Kerk** *(p. 20)* dans le centre historique ; **Oude Kerk** *(p. 26)* dans le Quartier rouge ; **FOAM** *(p. 42)* : expositions d'art contemporain et de photographie. Sans oublier l'**Hermitage Amsterdam** *(p. 66)*, le **musée Allard Pierson** *(p. 24)* et les grands musées de Museumplein. Programme complet sur www.iamsterdam.com.

Pour les manifestations plus exclusives et les galeries de quartiers : www.akka.nl/agenda (en anglais), www.kunstinzicht.nl ou www.iamsterdam.com (en français).

Pour en savoir plus

The EYE.
M. Zegers / Look / age fotostock

Une cité « gezellig » ?

Gezellig ! Ce mot à la consonance qui « chatouille » permettrait à lui seul de décrire Amsterdam : sympathique, chaleureuse, conviviale, tolérante... Telle est sa réputation. Et après quelques pas dans cette ville, la première impression semble le confirmer. Mais qu'en est-il en réalité ?

L'AMSTELLODAMOIS

À quoi le reconnaît-on ? Si sa manière de prononcer avec insistance les « o » et les « a » n'est pas évidente pour le visiteur étranger et si son origine populaire se vérifie de moins en moins, son sens de l'échange et de l'entreprise est en revanche assez évident. Mais il est bien difficile de généraliser, car à l'instar d'autres capitales du monde occidental, beaucoup de ses habitants n'y sont pas nés, mais sont venus y étudier ou y trouver leur emploi. Évolution démographique et changements économiques ont bouleversé la composition et la répartition de sa population, désormais plus jeune et cosmopolite que dans le reste du pays. La culture populaire, celle qui caractérisait notamment le Jordaan, s'érode. La *gentryfication* du centre-ville a engendré le déplacement des familles modestes vers les périphéries. Dans les quartiers historiques et le Jordaan réhabilités se mêlent désormais des professeurs, médecins et jeunes loups de la finance qui logent au-dessus des commerces d'antan reconvertis en restaurants branchés.

Les nouveaux quartiers des docks de l'Est et d'IJburg reflètent quant à eux une réelle **mixité sociale**, voulue par la municipalité qui impose un quota de 30 % de logements sociaux dans toute construction neuve, afin de limiter la création de ghettos qui mettrait à mal le modèle local d'intégration.

RICHE DE SA DIVERSITÉ

Dès le 16e s., les autorités comprennent le profit à tirer de l'apport de nouvelles communautés, de nouvelles idées. La tolérance religieuse favorise alors l'installation de populations persécutées ailleurs (juifs séfarades, sociniens polonais, mennonites de Frise) qui toutes enrichissent Amsterdam, dans tous les sens du terme. Depuis des siècles, cette **mixité culturelle** favorise l'initiative et la créativité, deux piliers de la réussite de la cité.

Forte de sa tradition d'ouverture, la Venise du Nord abrite aujourd'hui une forte population immigrée – 47 % de ses habitants et **173 nationalités** ! Vous croiserez des travailleurs venus du Maghreb et de Turquie dans les années 1960 pour aider au développement du pays, des créoles et hindous du Surinam et des Antilles néerlandaises (anciennes colonies), des Chinois et plus de 100 000 Européens et Nord-Américains. Malgré une politique antidiscriminatoire volontaire (la composition du personnel des mairies doit refléter la variété d'origine des habitants), les immigrés d'origine non occidentale se regroupent dans des quartiers périphériques (Nieuwe West, Indische buurt, Zuidoost, de Bijlmer), et des tensions entre populations immigrées et autochtones sont apparues ces dernières années, avec la montée des mouvements d'extrême droite. Les Néerlandais, confiants en leur « société modèle », ont été fortement ébranlés par les assassinats du populiste Pim Fortuyn (en 2002 par un activiste écologiste) et du cinéaste engagé Theo van Gogh (en 2004 par un islamiste radical). Heureusement, les initiatives se multiplient pour contrer l'isolement et la stigmatisation, et entretenir le dialogue.

LA TOLÉRANCE ET SES LIMITES

La réputation d'Amsterdam repose sur le principe de la tolérance – une tolérance maîtrisée qui lui permet de mieux prévenir les débordements. Depuis des siècles, les livres et les idées y circulent librement ou presque. Sans accepter une liberté complète, les provinces conditionnées par leur histoire religieuse, les impératifs du commerce et leur structure politique, n'avaient d'autre choix que de permettre, pour mieux contrôler.

Dans les années 1960 s'est développée une culture de la contestation menée par le **mouvement Provo** (créé en 1965 par Roel van Duyn) : opposition au pouvoir du capitalisme, sensibilisation à l'écologie, liberté sexuelle, squats figurent parmi ses thèmes de prédilection, le plus souvent exprimés à travers des graffitis ou des happenings. Ce courant a accompagné la laïcisation progressive de la société néerlandaise tout en bousculant la vie politique.

Les politiciens néerlandais d'aujourd'hui sont les héritiers de ces traditions de tolérance – voire de contestation. Ils préfèrent la prévention et le contrôle discret, plutôt que l'interdiction qui invite aux débordements. Aux yeux du visiteur étranger, les mesures les plus spectaculaires concernent la **drogue** et la **prostitution** – visibles à travers les coffee-shops et les vitrines du Quartier rouge. En effet, les Néerlandais préfèrent instituer une marge de transgression autour de la ligne d'interdiction – un système qui n'est pas la panacée et qui impose des règles contraignantes et des contrôles fréquents. Autre illustration de ce principe de tolérance, la liberté laissée aux parents dans le choix de l'établissement scolaire de leur enfant : publique, laïque, religieuse, à orientation pédagogique alternative, etc. À première vue généreux, ce principe favorise néanmoins le conservatisme et la ségrégation.

Enfin, Amsterdam est devenue le refuge des personnes pratiquant un mode de vie dit « différent ». Les homosexuels, locaux ou étrangers, y vivent ainsi sans craindre le regard des autres et animent une scène culturelle et artistique très active. La discrimination est condamnée et le mariage entre personnes de même sexe est légalisé depuis 2001, une première mondiale, votée la même année que la législation concernant l'euthanasie.

Le grand village

Amsterdam suscite une impression de quiétude. Ses 750 000 habitants l'ont aménagée en privilégiant leur bien-être. Chacun y vit comme il l'entend, tant qu'il ne gêne pas la tranquillité des autres.

CADRE DE VIE EXCEPTIONNEL

Ici les distances sont courtes et le silencieux vélo est roi. Chaque quartier est animé par des marchés et des petits commerces qui se maintiennent grâce à l'interdiction faite aux grandes surfaces de s'implanter. La vie sociale est entretenue par les cafés fréquentés à tout âge. Ville et nature se côtoient en un heureux dialogue. L'eau est omniprésente. Les « parcelles vertes » apportent leur note de fraîcheur sur l'échiquier urbain : 28 parcs aux airs de campagne anglaise, cours intérieures des immeubles (*hofjes* anciens ou en version moderne), jardins cachés. La municipalité tient à la qualité de l'eau et de l'air, et redéfinit sa **politique environnementale** tous les 4 ans.

Avec les beaux jours, la limite entre espaces public et privé s'estompe. Faute de place chez soi, les goûters ou les soirées entre amis se tiennent dans les parcs. Les trottoirs prolongent les maisons et deviennent des terrains de jeux ou des terrasses pour prendre l'apéritif avec les voisins. Certains y installent un banc ou plantent quelques fleurs.

Les Amstellodamois livrent leur espace intime aux regards de leurs voisins, car nuls volets ni rideaux ne masquent les fenêtres – quête de lumière dans un pays au soleil avare et affirmation d'une vie sans reproche (héritage du calvinisme).

LOGEMENTS ATYPIQUES

Rançon de son succès, Amsterdam souffre du **manque d'espace** et se loger relève du parcours du combattant. Les trois quarts des propositions sont des locations et logements sociaux dont les listes d'attente s'étendent sur cinq ans !
Ce problème est l'occasion pour les Néerlandais de montrer toute leur **créativité** : maisons flottantes, péniches aménagées, containers entassés se transformant en cité universitaire, entrepôts, silos, moulins ou stations de pompage rénovés, etc. Les projets à grande échelle concernent les docks de l'Est (*p. 70*), devenus le laboratoire des architectes audacieux, et les nouvelles îles artificielles de l'IJburg. Enfin, les espaces abandonnés n'étant pas forcément occupés, des **squatteurs**-activistes animent un réseau efficace qui recherche les logements vides. Héritiers du mouvement Provo, ils accusent les promoteurs de spéculer sur les immeubles laissés à dessein inoccupés. Tâche rendue plus ardue par une loi entrée en vigueur en 2010 ; désormais le squat est une pratique illégale aux Pays-Bas, et tout contrevenant s'expose à une peine d'emprisonnement.

À la conquête du monde

Enrichis par la fermeture du port d'Anvers (1585), les Hollandais se lancent à la conquête du monde sous la houlette de navigateurs tels Barents, Hudson et Tasman.

LES COMPAGNIES DES INDES

En 1597, trois navires amstellodamois reviennent de Java. Les récits des marins et les chargements exotiques (dont du poivre) enflamment l'esprit industrieux des Hollandais. Aussi est-il décidé de créer une compagnie unique à qui le monopole serait confié vers les marchés orientaux, laquelle aurait le droit de faire la guerre et de négocier des traités avec les souverains lointains. Le 20 mars 1602 naît la **Compagnie des Indes orientales** (VOC), dont la direction est confiée aux Heren XVII (les « 17 Messieurs ») représentant six villes de la république. Financée par de riches marchands et de petits actionnaires, la VOC éclipse ses rivales. De 1602 à 1791 (date de sa dissolution), elle envoie un million d'Européens à bord de 4785 navires et traite plus de 2,5 millions de tonnes de marchandises. En 1619, la VOC établit son quartier-général à Batavia (Jakarta – fondée par Jan Pietersz Coen) et développe des comptoirs à travers toute l'Asie et au cap de Bonne-Espérance (ancêtres des Afrikaaners). En 1621, la **Compagnie des Indes occidentales** (WIC) est créée pour conquérir les marchés de l'Afrique et de l'Amérique. Dirigée par les Heren XIX, elle s'établit en Amérique du Nord (dont la future New York), dans les Caraïbes, au Surinam et sur la Côte d'Or (Ghana), tout en s'adonnant à la traite des Noirs et au piratage des navires espagnols...

GRAND MAGASIN EUROPÉEN

Les activités des compagnies alimentaient le développement d'Amsterdam qui vit alors son **Siècle d'or** (expansion économique, démographique, épanouissement des arts). La cité se dote d'une bourse (1607) puis d'une banque (1609), embryons du capitalisme à venir. La ville devient la première puissance économique et maritime européenne. Voyez l'Atlas portant le monde sur la façade du Palais royal (*p. 19*), symbole de la domination de la cité marchande ! Y transitent les produits européens (métaux, tissus, cuirs, bière, vin) et asiatiques (opium, sucre, thé, soieries, laques, pierres précieuses, épices). Ces dernières représentent 60 % du fret : cannelle de Ceylan, muscade des Moluques, camphre de Taïwan, etc. Le déclin débute à la fin du 18e s., quand le vaste empire colonial devint trop lourd à administrer, et la concurrence éclipse peu à peu le Siècle d'or.

Tropenmuseum (p. 69), Scheepvaartmuseum (p. 72), West-Indisch Huis (p. 49) et Oost-Indisch Huis (Oude Hoogstraat 24, dans le Quartier rouge).

Rembrandt, le maître

« Ce que les mille peintres de Hollande prennent pour sujet de leurs toiles, Rembrandt le prend pour élément de ses visions. » (Élie Faure)

LA FORMATION

D'un père meunier – d'où le nom de Van Rijn, « près du Rhin », ajouté par allusion à son moulin – Rembrandt Harmenszoon Van Rijn naît le 15 juillet 1606 à **Leyde**. Après s'être formé à Amsterdam auprès de Pieter Lastman, il s'installe dans sa ville natale comme peintre indépendant. Ses premières œuvres révèlent déjà sa maîtrise poétique du clair-obscur, son sens de l'expression psychologique et son don pour le traitement réaliste des sujets.

LA NOTORIÉTÉ

« Où donc Rembrandt eût-il pris son or et ses rouges, et cette lumière argentée ou roussâtre où le soleil et la poussière d'eau se mêlent, s'il n'eût toujours vécu à Amsterdam, dans le coin le plus grouillant, le plus sordide de la ville, près des bateaux versant aux quais des loques rouges, de la ferraille rouillée, des harengs saurs, du pain d'épices et la traînée royale des carmins et des jaunes le jour du marché aux fleurs ? » (Élie Faure)
En 1631, poussé par le succès, Rembrandt s'installe à Amsterdam où il devient un **portraitiste** couru. Il épouse Saskia van Uylenburgh en 1634 et achète une maison où naît leur fils, Titus. Il poursuit son œuvre de **peintre d'histoire**, en enrichissant les accessoires et le pittoresque de ses modèles – des Juifs du quartier – dans une tendance « baroque » qui va conduire à l'affirmation d'un art particulièrement novateur.

SOUPIRS ET FAILLITE

Les années 1640 sont marquées par la mort de Saskia (1642), les difficultés financières et un procès pour rupture de promesse de mariage que lui intente une ancienne nourrice de Titus alors qu'il vit en concubinage avec Hendrickje Stoffels. C'est la décennie de *La Ronde de nuit* (1642) et des grands **sujets religieux** à l'intériorisation croissante, à la lumière irradiante et aux empâtements puissants. Son style ne cesse de se libérer, toujours plus hardi et original. Capricieux avec ses commanditaires, l'artiste fait banqueroute en 1656, ses collections et sa maison sont vendues en 1658. Quoique ruiné, Rembrandt ne se coupe pas du public. Il continue d'assurer de grandes commandes dans les années 1660 et reconstitue même une partie de ses collections. Le malheur le frappera encore deux fois avant sa mort, le 4 octobre 1669 : Hendrickje décède en 1663 et Titus disparaît en 1668. « Il meurt avant d'avoir eu la tentation de faire le pitre. » (Jean Genet)
Rijksmuseum (p. 52) et Rembrandthuis (p. 63).

Autoportrait en apôtre Paul, de Rembrandt, 1661.

De Frans Hals à CoBrA

D'abord apparentée à la peinture flamande puis marquée par l'Italie, la peinture hollandaise connaît son apogée au 17e s., profitant de l'émancipation des Provinces-Unies et du soutien des marchands du Siècle d'or.

LE SIÈCLE D'OR

Après l'épanouissement de l'**art flamand** (15e-16e s.) grâce aux pinceaux de Jan van Eyck, Jérôme Bosch ou Pieter Bruegel l'Ancien, puis le développement de la peinture hollandaise à Haarlem et Utrecht, c'est à Amsterdam désormais riche que va se déplacer au 17e s. le cœur de l'activité artistique nord-européenne. Le grand apport des artistes néerlandais est ce souci du **naturalisme**, inconnu jusqu'alors, qu'ils privilégièrent à travers les portraits, les tableaux de genre, la nature morte, le paysage ou la peinture d'architecture. Ces tableaux ne sont plus destinés à l'Église mais aux intérieurs de bourgeois aisés – aussi les sujets sont-ils d'une nature plus profane, constituant de remarquables témoignages sur la vie quotidienne de l'époque. **Rembrandt** *(voir p. 132)* et **Frans Hals** (1581-1669 – *p. 76*) excelleront dans les **portraits** (individuels ou de groupes), en représentant aussi bien l'aristocratie que des « bouilles » réalistes de gens de la rue. L'adoption d'une Réforme tout en austérité favorisa le développement de la **nature morte** – « vie immobile » en néerlandais – qui fera la renommée de **Pieter Claesz** (1597-1661) ou **Floris van Dyck** (1575-1651). La grande figure de l'**art du paysage** sera **Jacob van Ruysdael** (1629-1682) qui transcenda les règles de la composition classique. Quant à **Vermeer** (1632-1675), la dimension intemporelle de ses compositions l'exclut de toute catégorisation.

DU 18e S. À NOS JOURS

L'âge d'or prend fin avec le déclin de l'économie hollandaise au 18e s. Les tableaux de l'**école de La Haye** illuminent le 19e s., puis **Vincent van Gogh** (1853-1890) colore peu à peu sa peinture sombre en fréquentant les impressionnistes parisiens (*p. 57*). Le 20e s. connaît un grand renouveau artistique aux Pays-Bas, grâce notamment à **Piet Mondrian** (1872-1944), cofondateur du mouvement **De Stijl** et initiateur de l'art abstrait avec ses compositions « néoplastiques ». Après 1945, naquit **CoBrA**, mêlant tendances expressionnistes, surréalistes et abstraites (*p. 58*). En 1961, apparaît le mouvement **Nul** (Zéro) contre le cloisonnement des activités artistiques. Dix ans plus tard, **Ger van Elk** se rapproche de l'art conceptuel avant que **Rob Scholte** et **Marlene Dumas** n'exploitent les possibilités offertes par les médias. Aujourd'hui, tout comme au 17e s., la cité accorde toujours une grande importance au soutien de la création.

Architectures

LES MAISONS DE CANAL

Datant surtout des 17e-18e s., elles forment un ensemble homogène et préservé. On en distingue néanmoins **trois types** : la maison de marchand *(Koopmanshuis)* avec son grenier de stockage, la maison de seigneur *(Herenhuis)* et la maison-boutique *(Winkelhuis)* à entrée directe sur la rue. La construction de ces maisons de canal *(grachtenhuis)* est régie par des règles strictes.
L'usage de la brique est imposé au 15e s. pour prévenir les risques d'incendie, le bois étant utilisé pour les planchers et les pilotis des fondations. L'**étroitesse** des maisons est due à la taille des parcelles et à la taxe foncière calculée selon la largeur des façades. On privilégiait donc la hauteur, mais un plan en deux parties dotait parfois la « maison de devant » *(voorhuis)* d'une extension en profondeur (« maison de derrière » – *achterhuis*). Vous noterez les poulies permettant de hisser les marchandises et les **façades penchées** afin de gagner de l'espace. Si la maison a peu évolué, le **pignon** a connu de nombreuses métamorphoses. De forme triangulaire, le pignon simple (16e s.) épouse la pente du toit. Au 17e s., la Renaissance hollandaise engendre le pignon à redents. Puis apparaissent des formes toujours plus harmonieuses, agrémentées de décorations : étroit pignon à cou, pignon en cloche, à volutes. Ils seront remplacés par des couronnements intégrant au fil du temps les différentes influences du langage décoratif européen.

Java-eiland, IJburg et leurs maisons de canal version 21e s. (p. 73).

20e S., L'ÉCOLE D'AMSTERDAM

En livrant la Bourse du commerce, **Hendrick Petrus Berlage** (1856-1934) prône la simplicité des formes, l'utilisation rationnelle des matériaux et ne cache plus les éléments de construction. Puis les commandes de logements ouvriers du Plan Sud vont offrir des débouchés aux architectes de l'**école d'Amsterdam**. Développé par **Michel De Klerk** (1884-1923), **Piet Kramer** (1881-1961) et **Jan van der Mey** (1878-1949) entre 1915 et 1940, leur style traduit la volonté de rompre la monotonie des façades par l'asymétrie et par les différences de niveau, et d'alléger la sévérité des lignes droites grâce à des pans de murs incurvés.

Het Schip (p. 51), De Dageraad (p. 60) et Scheepvaarthuis (p. 70).

21e SIÈCLE

Aujourd'hui, dans les **Oosterdok**, **Westerdok**, le **Noord** et dans les îles de l'**IJburg** *(voir ces chapitres)*, les architectes multiplient les expériences : formes débridées, organisation à géométrie variable permettant la mixité sociale. Ils réagissent aux abus du modernisme tout en renouant avec l'ambition sociale de l'école d'Amsterdam. Dans ces quatiers, poussent des maisons individuelles innovantes, parfois flottantes, et des structures de logements audacieux comme sur le Silodam *(p. 50)* dans les Westerdok, l'habitat en containers pour les étudiants ou encore l'incroyable Het Kraanspoor sur le site de **NDSM** *(p. 51)*. S'y ajoutent des édifices-symboles qui marquent le paysage urbain… et les touristes du monde entier. Certains s'élèvent en centre-ville : Muziekgebouw aan't IJ, ARCAM, Nemo. Et les très récents palais de justice de l'IJ-Dock (Claus & Kaan - 2013), ou le spectaculaire **EYE** *(p. 51)* qui fait le pari de « l'effet opéra de Sydney ». D'autres embellissent des périphéries comme **Zuidoost**, vaste quartier cosmopolite édifié à partir des années 1960, longtemps dénigré mais aujourd'hui animé par un nouveau centre d'affaires et de loisirs. Autour de la station Bijlmer-Arena (trains, métro lignes 50, 54), *hub* de transports que de récentes transformations ont rendu lumineux et agréable, voyez l'**ING House** *(Hoogoorddreef 888)*, sorte d'énorme animal métallique à 16 pattes (qui évoque les *ômus* d'Hayao Miyazaki dans *Nausicaä*), achevé en 2002 par le cabinet MVSA.

Non loin, l'Amsterdam **ArenA**, le stade multifonctionnel de l'Ajax signé Rob Schuurman, sert de modèle dans le monde entier depuis 1996. Accolée au stade depuis 2012, la salle de spectacles du Ziggo Dome *(ArenA Bd 61)* évoque une boîte magique dont les façades brillent chaque nuit de mille feux. Il a été imaginé par le cabinet Benthem Crouwel, à qui l'on doit la « baignoire » du musée Stedelijk.

Les **parcs du Nieuw-West** (Sloter Park, De Oeverlanden, les jardins individuels De Bretten…), souvent dessinés au 20e s. et aujourd'hui modernisés, ne sont pas à négliger tant ils illustrent le rapport des Amstellodamois à la nature et l'exploitation remarquable du milieu humide si particulier sur lequel la ville s'étend.

Vous l'aurez compris, le touriste passionné par l'urbanisme et l'architecture contemporaine pourrait passer plusieurs jours dans l'agglomération d'Amsterdam… au risque d'oublier le centre historique, tant les points d'intérêt sont multiples !

ARCAM (p. 71). Plus d'informations sur www.archi-guide.com. L'office de tourisme peut vous orienter vers des agences organisant des visites « urbanisme » à vélo ou en bateaux, à travers les nouveaux quartiers.

Chers intérieurs

MOBILIER DU SIÈCLE D'OR

À l'époque gothique tardive, qui produisit des coffres en chêne et des dressoirs aux motifs en « plis de serviette », succède en 1550 une période inspirée de la Renaissance italienne. Mais, comme la peinture, les **arts décoratifs** connaissent leur siècle d'or au 17e s. La **faïence** de Delft se développe (p. 138). Les ébénistes excellent dans la fabrication de **cabinets** en marqueterie et incrustations d'ébène, d'écaille ou d'ivoire, dont les multiples tiroirs accueillent les collections de curiosités que l'honnête homme se doit de rassembler. Massives et richement décorées, les **armoires** « Renaissance hollandaise » sont peu à peu remplacées par les armoires « à coussins » aux vantaux ventrus, confectionnées dans ces bois exotiques qui affluent des colonies. Les **maisons de poupée**, confectionnées par les dames de la bonne société, sont des chefs-d'œuvre de précision donnant un bel aperçu des intérieurs de l'époque. En 1656, le mathématicien **Christiaan Huygens** (1629-1695) découvre le mouvement isochronique du pendule, dont l'énergie va animer les horloges et les pendules, objets qui deviendront vite prétexte à toutes les variations décoratives. Et aux 18e-19e s., Amsterdam devient un grand centre de **production horlogère**.

LE DESIGN AUJOURD'HUI

Le design hollandais conquiert une réputation internationale au 20e s., gagné par les idées de rupture et la recherche d'une esthétique nouvelle. L'ensemble de la maison doit désormais être pensé dans une unité stylistique, selon le schéma influent du *gesamtkunstwerk* (œuvre d'art totale). Le mot d'ordre est à la simplicité et à la fonctionnalité. Berlage puis les architectes de l'**école d'Amsterdam** créent des meubles sobres et fonctionnels pour les bâtiments qu'ils conçoivent, les seconds privilégiant les formes courbes et les décorations inspirées de la nature.
Puis **Rietveld** dessine la chaise Zig-Zag devenue un jalon de l'histoire du design. Depuis 1945, les créations hollandaises, rasoirs Philips, camions Daf, panneaux de signalisation des aéroports de Schiphol ou de New York, vêtements Oilily ou Mexx, intérieurs de Jan des Bouvries continuent à promouvoir une certaine idée de la simplicité et du fonctionnalisme dans des domaines différents. Dans les années 1980 et 1990, Dick Dankers (Frozen Fountain) puis Gijs Bakker et Renny Ramakers (Droog Design) créent des centres réunissant designers et artisans néerlandais. La réputation des créateurs hollandais se mesure à leurs contributions aux marques internationales, telles Diesel, Nike, ou Tommy Hilfiger.

Diamant et faïence

ANCIENNE CITÉ DU DIAMANT

Amsterdam fut jadis le principal centre diamantifère du monde où l'on se targue d'avoir taillé le *Koh-i-Noor*, l'un des joyaux de la Couronne d'Angleterre. L'industrie de la taille du diamant fut introduite à Amsterdam à la fin du 16e s. par les juifs séfarades. En quelques siècles, ils firent d'Amsterdam la **capitale mondiale du diamant**, grâce aux fabuleux gisements découverts dans les colonies d'Afrique du Sud au 19e s. C'est à cette époque que le tout puissant Syndicat national des travailleurs de diamant (ANDB), mené par Henri Polak (1868-1943), fait construire son somptueux siège surnommé **De Burcht**, dans le quartier du Plantage. Cependant, depuis la fin des années 1930, Anvers s'est emparée du titre, attirant les diamantaires grâce à une législation plus souple et une fiscalité moins pesante.

La **dizaine de tailleries** qui subsistent proposent, pour la plupart, une visite guidée gratuite de leurs ateliers. On vous livrera les clés nécessaires à l'achat d'un diamant, dont la qualité se juge selon quatre critères : le nombre de carats, la couleur, la limpidité et la taille.

Taillerie Gassan Diamonds (p. 99).

LA FAÏENCE DE DELFT

Qui n'a jamais croisé aux Pays-Bas un objet en faïence de Delft ? Moulins ou jeux d'enfants, ces délicats motifs **bleus sur fond blanc** trouvent pourtant une part de leur origine dans les porcelaines chinoises et japonaises. Importées en Europe dès le 16e s. par la Compagnie des Indes, elles faisaient concurrence aux potiers hollandais, qui durent réagir en créant une faïence originale.

Les fabricants abandonnent la majolique et se spécialisent dans les **carreaux de faïence**, les objets de haute qualité ou les objets usuels que les Chinois ne savent pas produire (moutardiers, pots de pharmacie). Les **faïenceries de Delft** (entre Rotterdam et La Haye) trouvent leur voie grâce au bleu obtenu avec l'oxyde de cobalt, et à l'utilisation d'une argile plus fine qui rapproche l'aspect du produit fini de celui des porcelaines. Au 17e s., les manufactures de Delft intensifient leur production et conquièrent le marché européen. À Amsterdam, admirez les productions de cette époque sur les murs des maisons des canaux, ou au Rijksmuseum (*p. 52*).

La faïence de Delft est toujours produite. Vous pourrez acquérir des assiettes… *Made in China* dans les stands touristiques, ou des pièces rares chez les antiquaires.

Faïence de qualité à la boutique du Royal Delft Experience *(Muntplein 12 - (020) 623 22 71 - www.royaldelftexperience.nl - 10h-17h30 - expo : 5 €)* et chez les antiquaires de **Nieuwe Spiegelstraat**.

Peinture sur carreaux de Delft, réalisée par Cornelis Boumeester.

Digues et canaux

Amsterdam, la « **digue sur l'Amstel** », s'est bâtie en luttant avec et contre l'eau, une eau qui représente une menace tout en lui assurant sa richesse, et chaque conquête de surface habitable fut le résultat d'un plan d'urbanisme précis.

DOMESTIQUER L'EAU

La première digue (actuelle Zeedijk) fut édifiée par des pêcheurs en 1222. D'autres suivirent, auxquelles s'ajouta une écluse devenue nécessaire pour la circulation des embarcations et le développement du commerce. Construite à l'emplacement du Dam, elle autorisait l'Amstel à se jeter dans l'IJ. La zone se peupla et devint ville en 1275. Pour accompagner la croissance démographique, il fallut gagner de la terre ferme en élargissant les remblais. Les maisons en bois (matériau léger préférable sur cette terre meuble) furent alors élevées entre les deux levées *(burgwal)*. Mais la ville se sentant à l'étroit, on creusa des canaux parallèles aux remblais, en utilisant le surplus de terre pour élargir l'espace urbain.
En 1586, on entame le chantier herculéen du **Grachtengordel** (*p. 43*), une ceinture de quatre canaux tracés au compas qui doubla la surface de la ville grâce aux richesses du Siècle d'or. On construit désormais en dur, sur des pilotis enfoncés dans le sol.
L'agrandissement suivant fut réalisé vers le sud par **Hendrick Petrus Berlage** en 1917 : des quartiers longeant de larges avenues rompant radicalement avec le tissu urbain du centre. Le dernier plan de 1934 élève des immeubles fonctionnels au milieu des espaces verts et non plus le long des rues.
Aujourd'hui, la réhabilitation des zones portuaires et la création d'**îles artificielles** (IJburg) à l'est résolvent (un peu) la crise du logement.

UNE GESTION COMPLEXE

L'agglomération comprend 14 **polders**, sur 110 niveaux différents, régulés par 84 stations de pompage, et protégés des eaux de l'IJsselmeer par des digues et des écluses. Le centre historique se situe à 60 cm au-dessus du **NAP** (point de référence pour les mesures d'altitudes aux Pays-Bas), tandis que l'aéroport de Schiphol est à 5 m sous le niveau de la mer. On compte 165 canaux, d'une longueur totale de 75,5 km, pour une profondeur moyenne de 2,4 m. Le système des pilotis est toujours en usage mais, en béton, ils s'enfoncent jusqu'à 60 m de profondeur.
Avant que le canal de la mer du Nord n'isole la ville de la mer, les eaux saumâtres étaient nettoyées par les marées et l'Amstel. Aux 19e-20e s., on remblaya des canaux insalubres avant de mettre en œuvre un système de **pompage** qui aujourd'hui renouvelle l'eau 2 à 4 fois par semaine. Dix bateaux nettoient et draguent les canaux.

La ville qui pédale

LA TERRE EST PLATE...

Un parking à étage où s'alignent 5000 vélos, voilà ce que contemple le touriste à peine sorti de la gare centrale. Car, à Amsterdam, presque la moitié des déplacements s'effectuent à vélo (*fiets* en néerlandais). Plus de 880000 bicyclettes pour 800000 habitants, vous tenez là le moyen de transport le plus rapide, le plus économique et le plus agréable pour se déplacer. La ville étant complètement plate, les Amstellodamois n'ont pas le mérite du petit effort quotidien que représentent les coups de pédale. Ils peuvent en revanche se targuer d'avoir aménagé toute l'agglomération pour faciliter les circulations des cyclistes.

Le réseau de **pistes cyclables** couvre 767 km. Les mouvements écologistes et contestataires des années 1960, Provo ou Kabouters, avaient préparé le terrain et suscité une attention précoce pour ce moyen de transport sous le règne, alors tout-puissant, des voitures. Et c'est en 1978 que les élus firent tracer un très grand nombre de pistes pour désengorger la ville. Cette politique se poursuit : améliorer le maillage des pistes cyclables, leur signalisation, la prévention contre le vol (puçage) et le stationnement. Aujourd'hui, chaque nouveau plan d'urbanisme inclut les aménagements adéquats pour la circulation et le parking des deux-roues des résidents ou des travailleurs.

UN STYLE DE VIE

Si en France vélo = loisir, aux Pays-Bas, on pédale pour aller à l'école, faire les courses, aller au bureau ou à l'usine. Cette pratique s'apprend dès le plus jeune âge, lorsque l'on est transporté par ses parents dans une petite charrette qui vibre sur les pavés. On connaît très tôt le code de la route, le respect des voies réservées avant, plus tard... de se permettre une conduite assez anarchique. Vous découvrirez de **nombreux aménagements** et équipements inconnus chez nous : parkings gardés, wagons aménagés, espace de rangement dans les maisons, ateliers de réparation, vêtements adaptés à tous les temps, panneaux de signalisation.

Le type de vélo le plus répandu est l'élégante **bicyclette hollandaise**, préférée au VTT suréquipé. Mais, étant donné le très grand nombre de vols (40000 par an!) et en attendant un puçage généralisé, certains préfèrent des vélos « jetables », pas trop coûteux, faciles à remplacer et ne suscitant pas les convoitises. D'ailleurs, il n'est pas rare qu'un cycliste fraîchement délesté de son engin se serve à son tour pour rentrer chez lui. Sachez enfin que chaque année, l'on retrouve 10000 vélos au fond des canaux. Pour diverses raisons...

L'office de tourisme propose des plans pour visiter la ville à vélo.

« Vélo » p. 120.

Au plaisir des papilles

Un séjour à Amsterdam permet de découvrir l'art des sandwichs (faits avec d'excellents pains !), de roboratives potées *(stamppot)* et soupes *(erwtensoep)* bienvenues en hiver et l'exotique cuisine indonésienne. Mais aussi d'autres produits...

L'AUTRE PAYS...

En parcourant le **Boerenmarkt** (*p. 48*) ou quelques bonnes boutiques, vous découvrirez des **fromages** aux saveurs très éloignées des produits industriels qui arrivent jusqu'à nous. Appréciés au petit-déjeuner et à l'apéritif, ils sont vendus à divers stades de maturation, jeunes *(jong)*, doux et crémeux, ou vieillis *(oud)*, secs et forts.

Le **gouda** est un fromage cylindrique et plat, tandis que l'**edam**, produit du Nord, se présente comme une boule à croûte jaune (revêtue à l'exportation d'une enveloppe rouge). Le **maasdam**, reconnaissable à ses trous, s'apparente au gruyère. Vous trouverez également de nombreux fromages aromatisés au cumin, aux clous de girofle, etc.

À 30 KM DE LA MER DU NORD

L'air marin qui souffle sur la cité attire les habitants vers les kiosques à poissons. Ils y dégustent l'anguille fumée *(gerookte paling)*, le hareng saur *(bokking)* ou le hareng mariné dans du vinaigre *(haring)*. En mai et juin, l'arrivée du **hareng nouveau** *(maatje)* est un événement. Il s'avale tout cru et tenu par la queue.

UN PEU DE SUCRÉ

Parmi les gâteaux appréciés, ne manquez pas la traditionnelle **appeltaart**, délicieuse tarte aux pommes, aux raisins secs et à la cannelle, accompagnée de sa crème fouettée maison. Autres spécialités : les **poffertjes** (petites crêpes soufflées) et les **stroopwafels** (gaufres fourrées à la mélasse). Quant aux amateurs de **chocolat**, ils apprécieront l'imagination des artisans du pays de Van Houten.

DANS LES VERRES

La **bière** néerlandaise *(bier)*, bien moins variée que sa voisine belge, est représentée dans le monde entier par les marques Heineken ou Amstel auxquelles les puristes préfèrent les bières artisanales et bières de saison. Mais la boisson alcoolisée traditionnelle est le **genièvre** *(jenever)*, une eau-de-vie aromatisée avec des baies de genévrier. Jeune *(jong)*, vieux *(oud)* ou très vieux *(zeer oud)*, il est versé dans un petit verre *(borrel)* et apprécié aussi bien en apéritif qu'en digestif. On le déguste dans de pittoresques *proeflokalen* (*p. 87*).

Enfin, héritage du commerce de la Compagnie des Indes orientales, les Amstellodamois apprécient les excellents thés et cafés.

Ajax Amsterdam

Avec son nom mythologique (celui d'un héros de la guerre de Troie), son maillot original et son palmarès, le club de football amstellodamois contribue au rayonnement de la capitale hollandaise.

UN CLUB DE LÉGENDE(S)

C'est en **1900** qu'un petit club créé par un groupe d'amis fut officiellement fondé sous le nom d'Ajax. L'année 1911 voit le club rejoindre la première division, et l'adoption définitive du célèbre maillot à bande rouge centrale. Il faut attendre 1917 (coupe) puis 1918 (championnat) pour les premiers titres, obtenus sous la houlette de Jack Reynolds, resté trente-trois ans à la tête du club ! En 1954 débute l'ère du football professionnel aux Pays-Bas. Champion en 1957, l'Ajax participe à sa première coupe d'Europe et l'une des légendes du club débute sa carrière : Sjaak Swart. L'Ajax prend une tout autre dimension en dominant outrageusement l'Europe de 1971 à 1974 grâce au jeu offensif légendaire voulu par Rinus Michels et à des joueurs comme **Johan Cruyff** (célèbre numéro 14) et **Johnny Rep**. Pillé, l'Ajax se contentera ensuite de briller avant tout sur la scène nationale. Il faut attendre 1987 et un but de **Marco van Basten** pour une victoire en Coupe des coupes. En 1992, Louis van Gaal prend les commandes de l'équipe et, grâce à des joueurs comme Dennis Bergkamp, Jari Litmanen et Frank Rijkaard, remporte plusieurs titres dont la Ligue des champions en 1995. Mais depuis, l'argent dominant ce sport, le club peine à retrouver les sommets européens, et doit se contenter d'étoffer son impressionnant palmarès national (33 fois champion, 18 coupes) face au PSV Eindhoven et au Feyenoord Rotterdam. L'opposition est historique avec ce dernier : ville d'artistes contre ville ouvrière. Une rivalité malheureusement source de violences. À consulter : www.ajax.nl.

FOOTBALL TOTAL

L'importance donnée à la formation et le « **football total** » des années 1970 (toute l'équipe attaque et défend ensemble) demeurent les marques de fabrique du club. Si les joueurs formés a l'Ajax font désormais le bonheur des riches équipes étrangères, l'affluence est toujours grande à l'impressionnante **ArenA** qui succéda en 1996 au stade De Meer, et l'on porte fièrement le maillot des « Lanciers » dans la rue, et pas seulement pour fêter les titres sur Leidesplein. À visiter : **World of Ajax** – *ArenA Boulevard 1 - M Bijlmer - (020) 311 13 33 - www.amsterdamarena.nl - en anglais - 14,50 €.* Visite guidée du stade, musée, boutique. Mêmes coordonnées pour assister à une rencontre ou informations auprès de l'office de tourisme.

Les dates clés d'Amsterdam

250 000 av. J.-C. – Premières traces de l'homme dans le Limbourg.
1er s. av. J.-C. – Installation des Bataves.
925 - Annexion au Saint Empire romain germanique.
1175 – Fondation d'Amstelledamme.
1300 – Amsterdam reçoit une charte lui octroyant le droit de cité.
1548 – Charles Quint regroupe les dix-sept provinces des Pays-Bas.
1568 – Début de la guerre de Quatre-Vingts Ans.
1578 – La ville aux mains des Réformés.
1579 – Union des provinces du Sud à l'Espagne, et union des provinces calvinistes du Nord.
1585 – Chute d'Anvers. Début du Siècle d'or.
1602 – Création de la Compagnie des Indes orientales (VOC).
1607-1611 – Édification de la Bourse et fondation de la Banque d'Amsterdam.
1621 – Création de la Compagnie des Indes occidentales (WIC).

Rijksmuseum

Marchand de la Compagnie des Indes orientales et sa femme, tableau d'Albert Cuyp.

1624 – Fondation de La Nouvelle-Amsterdam sur l'île de Manhattan.
1629 – Descartes s'installe à Amsterdam.
1648 – Indépendance de la république des Provinces-Unies. Début de la construction du Palais royal.
1672 – Angleterre et France en guerre contre la république. Amorce du déclin.
1787 – Frédéric Guillaume II, roi de Prusse, soutient le prince d'Orange.
1810 – Rattachement à l'Empire napoléonien.
1814-1815 – Réunification des provinces. Guillaume Ier roi des Pays-Bas.
1848 – Constitution néerlandaise et séparation de l'Église et de l'État.
1900 – Fondation de l'Ajax Amsterdam.
1940-1945 – Occupation allemande.
1941 – Premières mesures antisémites et déportations. Grève de protestation.
1942 – Anne Frank entre en clandestinité.
1945 – Libération du pays en mai
1965-1966 – Mouvement Provo.
1971-1973 – L'Ajax triple champion d'Europe.
1973-1977 – La gauche au pouvoir. Début du « laboratoire social ».
1975 – Indépendance du Surinam.
1980 – Beatrix, reine des Pays-Bas.
1982-1994 – Gouvernements successifs de Ruud Lubbers (CDA).
2001 – Législation des maisons closes, de l'euthanasie. Mariages homosexuels.
2002 – Assassinat de Pim Fortuyn.
2004 – Assassinat de Theo van Gogh.

C.Toala Olivares/Anne Frank House

Entrée du passage secret dans la maison d'Anne Frank.

2005 – Les Pays-Bas votent non à la Constitution européenne.
2006 – Élections législatives anticipées. Victoire du Premier ministre sortant et forte progression des socialistes.
2009 – Amsterdam lance le « Plan voitures électriques ».
2010 – Entrée en vigueur de la loi interdisant les squats. Vague d'émeutes.
2011 – Lancement de Car2go, système de voitures électriques en libre-service.
2013 – La reine Beatrix abdique en faveur de son fils Willem-Alexander.
2015 – L'ancien Jour de la reine (30 avr.) devient le Jour du roi (27 avr.).

O

P–Q

R

S

Collection Le Guide Vert sous la responsabilité de Philippe Orain

Édition Florence Dyan

Rédaction Guylaine Idoux, François Sichet, Mélanie Cornière, Sandra Darbé, Renaud Dechamps, Vincent Follet, Serge Guillot, Laurence Ottenheimer, Delphine Storelli, Julie Subtil

Cartographie Michèle Cana, Mihaitsa Constantin, Dominique Defranchi, Géraldine Deplante, Isabelle Delouvy, Thierry Lemasson

Relecture Stéphanie Hourcade

Remerciements Didier Broussard, Marie Bertin, Roger Strijland (Office néerlandais du Tourisme et des Congrès)

Conception graphique Laurent Muller (couverture et maquette intérieure)

Régie publicitaire et partenariats business-solutions@tp.michelin.com
Le contenu des pages de publicité insérées dans ce guide n'engage que la responsabilité des annonceurs.

QR Codes QR Code est une marque déposée de Denso Wave Incorporated.

Contacts Michelin
Guides Touristiques
27 cours de l'Île Seguin, 92100 Boulogne Billancourt
Service consommateurs : tourisme@tp.michelin.com
Boutique en ligne : www.michelin-boutique.com

www.voyage.michelin.fr

Parution 2015

Crédits photographiques p. 4-5
(de gauche à droite et de haut en bas)

H. Hugues/ hemis.fr
Rijksmuseum
C. Toala Olivares / Anne Frank House
V. Leblic / Photononstop
A. Leiva / age fotostock
J. L. Marshall / Stedelijk Museum
C. Gibot / age fotostock
A. Enock / LatitudeStock Images / age fotostock
tropenmuseum.nl

Écrivez-nous

Michelin Travel Partner

Société par actions simplifiées au capital de 11 288 880 EUR
27 Cours de l'Ile Seguin - 92100 Boulogne Billancourt (France)
R.C.S. Nanterre 433 677 721

Dépôt légal : 01-2015 – ISSN 0293-9436
Compograveur : Nord Compo, Villeneuve-d'Ascq
Imprimeur : Geers Offset, Gent (Belgique)
Imprimé en Belgique : 01-2016

Usine certifiée 14001
Sur du papier issu de forêts gérées durablement (100 % PEFC)